悠悠秦淮

外文出版社
FOREIGN LANGUAGES PRESS

中国国际出版集团外文出版社出版"中国城记"系列书籍，我以为十分及时而且很有意义。

古希腊先哲亚里士多德曾说："人们来到城市是为了生活，人们居住在城市是为了生活得更好。"

1800年，全球仅有2％的人口居住在城市，2007年，全球居住在城市里的人口已经超过了50％。据联合国预测，到2010年，世界城市人口将占总人口的55％，全球城市化正在进入一个关键时期。之所以说是关键时期，是因为全球城市化进程的速度和规模是人类历史上前所未有的。

21世纪，国际关系中一个值得注意的大趋势是一批发展中国家在崛起，把这些国家的人口加在一起，占世界人口的一半。人类历史上，没有占世界人口一半以上的国家崛起的先例。正在崛起的发展中国家有一个共同特点，就是工业化和城市化齐头并进。全球城市化的规模如此之大，速度如此之快，这就使城市的问题成为当前人类所关注的一个大问题。

正是在上述背景下，世界博览会历史上第一个以"城市"为主题的世博会在上海举行。国际展览局的会员国支持在上海举行以"城市，让生活更美好"为主题的世博会绝非偶然，这表明，世博运动是追逐人类历史的大趋势的。

"中国城记"这套丛书的特点是由一批外国作家来描述中国的城市。中国城市文明的历史十分悠久，中华文明是世界上最古老的文明之一，它最突出的特点是几千年没有中断。城市文明是中华文明的重要组成部分，世界上第一个五十万人口的城市是临淄，就是中国成语里说"摩肩接踵"的地方；世界上第一个百万人口的城市也出现在中国，那就是长安。今天中国的大中小城市都在发展。对于北京、上海这样的特大城市，世界对它们的了解可能多一点。"中国城记"系列书籍所瞩目的南京、昆山、南通、无锡等城市可能了解得少一些，因而更显出这套丛书的价值。外国作家熟悉他们读者群的理念和思路，在世界聚焦城市这个主题时，这一套丛书必定会有助于外国公众更好地了解中国城市和中华文化。

一百多年来，中国的革命和建设走过一段曲折的道路。我们曾经对自己的文化进行过严厉批判和否定。随着中国的崛起，中国人自己的文化意识在增强，正在重新认识中华文化。"中国城记"这套丛书对于我们自己重新认识中华文明也会是有帮助的。由于文化不同，外国人观察中国的角度跟中国人不大一样，他们观察到的可能是我们自己没有看到或没有充分注意的。"他山之石，可以攻玉"，阅读他们对中国城市的观察，可以帮助我们全面认识自己的城市文化。

西方文明对世界贡献很大，没有西方文明，今天世界的物质财富不会如此之丰富多彩，科学技术也不会进步得如此之快，全世界都在学习西方文明的长处。但与此同时，我们也要看到，西方文明同世界其他文明一样，也有自身的弱点。西方文明在推动人类文明进步的同时，也造成了诸多的难题。过去几百年的世界，基本是以西方文明主导的，世界对于东方文明知之甚少。21世纪可能是轮到东方文明对世界作出更大贡献的时候了。"中国城记"这套丛书，会帮助世界进一步了解东方文明，吸取东方的智慧，解决面临的难题。

中国2010年上海世博会是人类文明的盛会。这套丛书的适时出版对世博会的成功必将做出贡献。预祝"中国城记"系列书籍出版成功。

国际展览局名誉主席

吴建民

2010年4月于北京

目录

燃烧的檀香，向守护中华门的神灵和战争中的
烈士致祭

南京，这座有着深厚的文化底蕴和雄奇自然景观的古城，让人们仿佛徘徊在历史和现代之间，所到之处，落叶和白云轻盈地飘过头顶。城连着山、山连着水，树木苍翠、繁花似锦。护城河和明城墙蜿蜒盘旋，萦绕着、延伸着这个城市的无限梦想。各种各样精湛的传统技艺，异彩纷呈，宛如河中漂浮的莲花，向世界绽放着无穷的魅力。南京，有太多太多引人入胜的地方，让你目不暇接，其神韵甚至难以用言语来形容。然而，你可以到秦淮河两岸，静静去感受，感受那诗词的意象、书画的境界。

南京，这座有着深厚的文化底蕴和雄奇自然景观的古城，让人们仿佛徘徊在历史和现代之间，所到之处，落叶和白云轻盈地飘过头顶。城连着山、山连着水，树木苍翠、繁花似锦。护城河和明城墙蜿蜒盘旋，萦绕着、延伸着这个城市的无限梦想。各种各样精湛的传统技艺，异彩纷呈，宛如河中漂浮的莲花，向世界绽放着无穷的魅力。南京，有太多太多引人入胜的地方，让你目不暇接，其神韵甚至难以用言语来形容。然而，你可以到秦淮河两岸，静静去感受，感受那诗词的意象、书画的境界。

这个龙的雕刻具有典型的明代特点，也展现了明代帝王的风采

在王羲之故居里看到的柱子上精细复杂的雕刻，模仿了秦淮河上漂浮的莲花形象

右图：
明代的建筑与自然融合，这在南京城时有所见

在中国历史上，南京几度成为政治和文化中心。从过去100年前后到新中国成立，各种悲剧的上演为南京蒙上了阴影。然而，无论今天还是在数千年的历史里，这都是一座美丽而充满奇迹的城市，你可以通过秦淮河这一历史文化名河窥见一斑。

六朝古都

在中国历史上，南京几度成为政治和文化中心。从过去100年前后到新中国成立，各种悲剧的上演为南京蒙上了阴影。然而，无论今天还是在数千年的历史里，这都是一座美丽而充满奇迹的城市，你可以通过秦淮河这一历史文化名河窥见一斑。

南京建城史绵延2000多年，公元前472年，越王在秦淮河边的雨花台下筑越城，公元229年，东吴在此建都，史称建业。而后历经沧海桑田、朝代更替，东吴、东晋、宋、齐、梁、陈、南唐，乃至明代早期皆建都于此，南京总是江南繁华之地，秦淮河两岸金粉楼台，鳞次栉比，而河中画舫凌波，桨声灯影，至明朝时则达到全盛。而后，太平天国、中华民国定都南京。南京的历史是一部中华文明史，秦淮河成为这一历史的珠链。南京的文明则亦起源于秦淮河畔。

南京早期的历史奠定了南京的重要地位，这可以追溯到5000年前。与河姆渡文化同期，南京秦淮河畔的湖熟镇，创造了新石器时代的"湖熟文化"，是长江中下游地区的文化发源地。

大约公元前500年至公元前200年间的战国时期，南京由于其地理位置和丰富的资源，成为群雄逐鹿、兵家必争的地方。大批部落群体和勇士相互斗争，政权不断获得而后丧失。但南京的历史在争斗中建立，南京的文明在争斗中获得进步和发展。对于座落在蜿蜒秦淮河与广阔长江交界处的这片胜地，是想成就霸业、巩固其领土统治权的人们梦寐以求的。

从公元229年至589年，先后有六个汉族政权在南京建都，史学家称为六朝时期。那时，众多的经济、文化基础的建立，促成了后来中国社会的发展。特别是，丝绸生产和其他一些工艺产品开始大量涌现，使南京被誉为"衣履冠带天下"。那时活动于南京一带的学者，如王羲之和顾恺之，为中国独特的书法和绘画技艺奠定了基础。据说，许多人精心选用兔毛做毛笔，最早是起源于南京。至元、明朝代，南京一带大量涌现出以山羊毛制作的羊毫笔，其在表达中华书法、绘画的特殊韵味上，拥有着与众不同的魅力。

　　"以和为贵、仁者爱人"的儒家思想是博爱南京的最早启蒙，这也是孔子学说的核心理想。孔子学说对当时的南京文明是巨大的促进，同时，也影响了日后的佛家和道家学说。这后来的两种学派都在南京生根发展。这里数百座供人们参拜的寺庙，弥漫着浓厚的祥云瑞气，感化了许多好战之士脱身于争权夺利的战火和冲突中，而不断地自责反省；同时，也激励了许多学者创作出诗歌、散文和其他文学作品，成为了传世经典。

　　那时创造出的文学作品有着独特的风格，可以说，"丽而不浮，典而不野"。除意境优美的诗歌和散文外，还出现了针砭时事和文风的随笔和评述，这两种典范分别来自刘勰的著作《文心雕龙》和萧统的《文选》，这些作品是文学批评的早期形式。那时的哲学思想和遣词造句，促进了早期中国文人创造性地写作。在这些讨论氛围的影响下，学者们创造出了近代中国语言中阴平、阳平、上声和去声这四声调的基础读法，让"汲来江水煮新茗，买尽青山作画屏"这样的诗句，朗诵起来更富节奏和韵致。

　　花开花落，很多美好的东西淹没在如烟的往事中，甚至，在历史的教科书里亦难寻踪迹。这座城市漫长的历史中各种力量的斗争，破坏了绝大部分的历史遗迹，这是南京的不幸，也是世界的不幸。能够保留下来的，只有一些凤毛麟角，但这足以证明这座城市往日的辉煌和灿烂的文明了。其中一个例子，就是南京郊区起伏的丘陵上伫立着的巨大石刻。这儿有麒麟、天禄、辟邪、石柱、碑等，这些是来自古代六朝的遗迹，再现了六朝巨大的墓地结构群体。这些雕刻形象生动、气势宏伟，有棱形的石柱和有翼的石兽，反映了中国文化与希腊、波斯文化之间的交流，是中国中古时代石刻艺术的珍品。

　　离外秦淮和奔腾的长江汇合之处不远的是石头城，这是另一个展现南京早

期生活的例证。"石头城上，望天低吴楚，眼空无物。指点六朝形胜地，惟有青山如壁。"这里是当时南京的文明中心和势力象征。石头城以清凉山西坡天然峭壁为城基，环山筑造，周长"七里一百步"，北缘大江，南抵秦淮河口，这也为明朝时期南京城墙的建立奠定了基础。这座3000多米长的大型建筑，依山傍水、夹淮带江、地势险峻，自古就有"石城虎踞"之称。这个当时的军事要塞，被保存在一个大公园里，这就是石头城公园。有一小部分的城墙保存下来，而其中一块突出墙体的椭圆形石壁，远看隐约可见耳目口鼻，酷似一副鬼脸，因此被称为"鬼脸城"。这副远古的鬼脸，历经沧海桑田，至今痴迷地观看着现代化城市的日出日落。

这一时期最著名的建筑还有鸡鸣寺，位于鸡笼山东麓，通过古朴的明城墙，东接九华山，北临玄武湖，西连鼓楼岗，因山势浑圆似鸡笼而得名。这所南朝的第一座寺庙已多次被毁坏又重建，而其钟声却沿着历史的长河，绵延回响。如今，寺中璀璨的金红相间的宝塔，掩映在繁华现代都市中，折射出更加美丽的风景。

信步古都南京，绿树成荫、花团锦簇。如在秋季，则满城丹桂飘香，那桂花丛中散发出的甜美的，令人陶醉的香气，让你无法相信曾经的战火与争斗。那些统治南京的王朝也被那沁人心脾的文化气息所感染。每个新的领袖都试图去颠覆过去，然后创造出新的未来，但是往往都重新燃起前代人所流传下来的文明火炬。艺术、哲学和文学百花齐放，继承了前人的文化遗产，变得愈发繁荣。时至1368年，南京开启了一个中国历史文化的新时代，即明王朝鼓励文化交流的时代，移民屯垦、贸易互市、兴建学校、推行儒学等，这种永无止境的文化复兴达到了顶峰。

许多构成中国文化全貌的形象和地理标志起源于明朝。"千秋遗胜迹，万国发惊叹。"最值得骄傲的要数那人间奇迹的明长城，起春秋、历秦汉、明朝修筑、西起嘉峪关、东到鸭绿江。同样可作为中华文明地标的是气吞山河的紫禁城，南京作为明朝开国时的首都，始建皇城、又扩建改称宫城，尔后迁都北京，于15世纪建成紫禁城。另一个明朝文化标识，就是明代青花瓷器，在世界上影响广泛而深远。同时，很多中华文明中的文化、艺术、哲学、政治和经济的传承与发展，明朝做出了巨大贡献。明朝的南京地位崇高，完全可以与当时世界的其他杰出文明胜地相媲美，甚至是超越。

明朝：文化的复兴

　　许多构成中国文化全貌的形象和地理标志起源于明朝。"千秋遗胜迹，万国发惊叹。"最值得骄傲的要数那人间奇迹的明长城，起春秋，历秦汉，明朝修筑，西起嘉峪关，东到鸭绿江。同样可作为中华文明地标的是气吞山河的紫禁城，南京作为明朝开国时的首都，始建皇城、又扩建改称宫城，尔后迁都北京，于15世纪建成紫禁城。另一个明朝文化标识，就是明代青花瓷器，在世界上影响广泛而深远。同时，很多中华文明中的文化、艺术、哲学、政治和经济的传承与发展，明朝做出了巨大贡献。明朝的南京地位崇高，完全可以与当时世界的其他杰出文明胜地相媲美，甚至是超越。

　　元朝统治九十余年，明代共传十六君。公元1368年，明朝开国皇帝朱元璋将首都用护城墙保护起来，周长大约为33公里多，这是现存最长的护城墙。第一眼看上去，会将其当成是千里之外的北京八达岭长城，耳畔似闻金戈铁马之声。曾经一时壮美的城墙，很多未能经受岁月的考验。而现在仍安若磐石的明城墙是南京独特文明的象征。虽然历经风吹雨打，历经战火硝烟，数百年来，尽管伤痕累累，如今，却仍然挺立着雄奇伟岸的身躯。

　　一直留存下来的南门，'即中华门城堡，折射出明朝时期建筑设计的智慧和科技进步的象征。南京的城墙，显而易见是一项巨大的工程，但是却能用石灰、水、糯米和桐油将砖块粘结在固定的位置，非常神奇。桐油是一种中国特有的防水植物油，这种混合使得城墙极具弹性，且使得城墙能经受住各种自然

和非自然因素的考验，让人惊叹。直到现在，一般人都很难透过砖块参透这项独特的技艺。

那些古朴而隽永的中国文字，刻在很多砖块上，那是制砖人的姓名、籍贯、司职等。有时候会将工头的名字朝上，每个经过的人都能看到，这个方法确保了砖块万一出问题能够找到负责人。有城墙保护着，人们有着很强的安全感。如果建筑出问题，后果是难以想象的。

中华门城堡，展现出了在保护王朝安全和军事力量上的重要性。明朝之前的统治者，是由伟大的成吉思汗率领的曾经的游牧部落，这些剽悍的骑士统一了中原。不到百年，元朝即被大明推翻，明朝定都南京。新王朝的帝王，希望确保进攻高效且具防御性，所以，都城南京的南大门，设计出能容下3000多名的驻守士兵的城堡。他们能够快速出击和消灭大量的敌军，通过一个错综复杂的系统，能够关闭里面的门和洞。

从中华门这座筑垒的后面，由顶部向外看，宁静祥和的秦淮河温柔地缠绕着，延伸向远方，透露出无限的依恋和生命的创造力。极目太阳升起的方向，那儿座落着人文荟萃的夫子庙。这里膜拜的圣人是孔子。孔子和他的学说为中国社会统治方法的建立奠定了基础。孔子学说广为传诵，这超越了宪法和简单学说的作用，为如何建立一个和谐社会点亮了明灯。

夫子庙事实上是在明朝前建立的，但明朝这个时期以求学和考试求取功名的风气广泛流行，这寄托了孔子的理想。这些思想倍受尊重而且内涵丰富，因此，这个时期的统治者，都能够从掌握和了解这些学说的人中选拔。学堂和考试场所在全国范围内广泛建立，南京夫子庙旁的江南贡院，是其中最重要的。"矩令若霜严，看多士俯伏低徊，群嚣尽息；襟期同月朗，喜此地江山人物，一览无余。"

在江南贡院，任何人都能将他们的知识付诸于实践，以此获得文人学者的身份，然后成为统治集团里的一份子。那些获得文人学者身份的人能够有机会得到官职。南京作为首都，给予这些文人学者机会，就是可直接获得皇帝的钦点任命。悠悠昭昭，中国的杰出文化思想，伴随秦淮晓风月露流淌延续。

南京也是很多珍贵的、倍受欢迎的工艺品和民间艺术的家乡。南京曾经并且仍然是最好的制造中心，囊括了云锦、高质量的瓷器和传统的民间艺术的最高赞誉。此外，世界范围内的交易，将文士、游客和商人带到南京城。南来北往的商旅、官差和工匠艺人遍布茶肆饭庄。艺妓的居室中，混杂着当时的读书人，大多去消磨考试期间的闲暇时光。这种下层民众的自由向往和上层阶级的真情流露，相互结合，诞生了许许多多经典的传奇故事，如《桃花扇》。同时，也促进了昆曲艺术的发展。

"金陵紫气，吞万里长江；卢龙脊脉，镇遏迩灵壤。"一个兼有皇家气派和山水风景的代表，就是高高座落在南京北部的狮子山。明朝的开国皇帝朱元璋，曾登临此山，时豪情大发，欲在山巅建一高楼，睥睨天下，雄视六合。一个梦想经历数百年，方成就于今天的文化景点阅江楼。其虽是新修建的仿古建筑，然登高凭楼，美景依旧，明霞与旅雁横秋，天际涵长江一线，自然意蕴，荡涤胸襟。

阅江楼是先有记而后楼，一些有关的规划和感想赞颂由心而生。时文叙述了阅江楼的地理、历史、人文、景色。新建的阅江楼结构紧凑，布局合理，几乎尽显了古时中国另一番超凡脱俗的景象。从深红和绿色绘制的木梁，到明亮的黄色琉璃瓦覆盖屋顶，建筑的宏伟和对细节的关注，展现了中国的艺术设计和形式。

走出大殿，登上峰顶，纵观全景，充分展现了南京几度作为首都的风采。顺着一条蜿蜒向南的河流，你能看到它穿越这座现代城市，它就是秦淮河的一段，其绕过楼宇丛林，将与长江融合。转过身来，再看那条奔腾东去的江上布满了船只。仿佛古时和现代的文明交织在一起，一同在编织南京的绚丽图画。

你可曾看过一幅巨大的瓷器壁画，遍布天井，一直延续有三层楼那么高？这个错综复杂的壁画，描述了郑和七下西洋的航海之旅。相信在这个城市的许多地方，你都会看到他的形象，他是明朝有名的大将军、航海家，曾带领着他的宝船舰队，游历了30多个国家和几个大陆。南京为古代的首都和重要的航运港口，郑和的伟大航海更使其成为充满活力的贸易中心。

中华门是唯一现存的南京明城墙入口，里面能容纳大约3000名士兵守城

"1492年，哥伦布在蓝色海洋上乘风破浪"，这成为孩子们童谣的开头曲。然而，远在哥伦布驾驶的三条船"尼娜、平塔和圣玛丽亚"之前，早于其87年的公元1405年，有一位中国人，就已率领庞大的240多艘海船、27800名船员组成的船队远航西洋。他的名字叫郑和，是中国明朝的宦官，他出生于贫困家庭，却登上了世界航海的最高地位。他作为大使和航海家的才能，进一步展现了明朝的辉煌。

世界最伟大的航海家与和平使者

"1492年，哥伦布在蓝色海洋上乘风破浪"，这成为孩子们童谣的开头曲。然而，远在哥伦布驾驶的三条船"尼娜、平塔和圣玛丽亚"之前，早于其87年的公元1405年，有一位中国人，就已率领庞大的240多艘海船、27800名船员组成的船队远航西洋。他的名字叫郑和，是中国明朝的宦官，他出生于贫困家庭，却登上了世界航海的最高地位。他作为大使和航海家的才能，进一步展现了明朝的辉煌。

郑和出生于云南省的西南部，少时在皇子朱棣身边长大，后跟随朱棣南征北战，并为朱棣成为大明朝第三位皇帝建立功勋。所以，郑和深得朱棣的信任和赏识。来自帝王的尊重，巩固了郑和在当时的政治地位，加上他的杰出才智和外交技能，开创了中国最伟大的航海探索时期。郑和，把南京和世界紧紧相连起来。

贸易对中国很重要，中国的产品以丝绸、瓷器和艺术最为出名，在西方备受欢迎。丝绸之路，让西方人看到了精美的中国产品。这条路上的另一个源头是欧洲，穿过阿拉伯，通过戈壁沙漠与中国相连。在明朝早期，丝绸之路变得越来越危险。所有的商人都在寻找新的路线，从而与印度、东南亚、中亚和欧洲进行贸易。郑和开拓了一条新路。这时，也是欧洲早期文艺复兴和探索时代的开始。然而，了解历史、认识郑和、学习这位驾驶着中国航海舰队的民族起跑者，对西方许多人来讲，晚了一个世纪。

左图：
郑和的雕像，高立于郑和纪念馆和造船厂的屋顶

早在1400年前，明朝和南京就达到了财富和权力的顶峰。明朝永乐皇帝朱棣，为了向世界展现杰出的中国文化，实行了积极开放的政策。他的目的是为了认识外面的世界，也让所有了解中国辉煌的人折服，并接受各国的朝贡。这就有了郑和的七次航海，并以此传播外交政策，开拓贸易路线，同时收获财富和艺术。范围之广，所到之远，这在史上绝无仅有。

前两次的航程，到达了现在的印度尼西亚、新加坡和印度等地。郑和与当地达成了贸易协议，各种贸易日益增长，增加了明朝的财富。此外，郑和获得了当地首领的欢迎，引起了他们对南京的向往，他们也因此来到南京，向当时的大明朝纳贡。其中一个例子就是渤泥（现在的文莱）国王访问中国，他去世后葬于南京，享受帝王之礼。当时的中国，向世界敞开了大门。

后来，郑和的航海远到非洲和阿拉伯世界，中国的探索者也因此目睹其他一些世界大国的风采。在非洲海岸边，舰队受到了用石头铸成的大城市里的人的欢迎。这样，船队中不只是装着金银珠宝和工艺品，还有小型动物园，里面有来自非洲的动物，如鸵鸟和长颈鹿都被带到南京，敬献给皇帝。

在与阿拉伯国家进行贸易中，也使得陪同郑和下西洋的中国医生和药理学家，获得了新的草药和创造发明。此外，对于身为穆斯林的郑和而言，航海之旅还使他和船队能参观一路上的清真寺和其他一些宗教场所，如佛教寺庙。这些航海之旅，帮助传播了中国的物质文明，以及中国的文化精神和哲学思想。

大约有30000工匠在超过200多艘船上工作，那些船都是在南京造船厂建造的

南京造船厂负责郑和七次航海所使用的巨大船只的建造

实现这一成就，需要大量的具有各方面技能的人。郑和的航海船队，每次都有200多艘宝船，包含25000以上的船员，有工匠、翻译、外交官、科学家和医生。他率领的船队就像是浮动的城市，而不只是一些单个的船只。完成这项宏伟的事业，正需要郑和这样伟大的领导者和人才汇集的杰出船队。后来，这些经验被西方的探索者借鉴。

那庞大的、好似一座城市般的船队，其中，不同的船起着各自不同的作用。当然，最主要的船装着供交易的珍贵货物和收获到的财富；也有作为储存的船只，装着大量新鲜的水；还有的船只装有大量的军队；一些独立的船装有战马和小型的巡逻队。拥有强大战斗力的战船保护着船队。在广阔的航线上，一切看上去如此庞大，阵势令很多国家十分敬畏。据记载，这只庞大的海军舰队，随时可以一路击毁来犯敌军和海盗。

建造200多条这样的宝船，是一项伟大的工程，需要杰出的工程技艺和建造基地。今天，在南京仍然能够看到一些留存至今的船坞，有4000多公顷的面积。在这里，将近30000名的工人，长期争分夺秒地去建造这些巨大的船，源源

不断地驶出南京。幸运的是，如今，你甚至可以登上宝船参观，通过看宝船的全景结构，去一窥当时船队的风采。

处处可见名胜古迹的南京，许多地方都能领略到当时这位伟大航海家的魅力，如永乐皇帝朱棣时建立的静海寺和天妃宫。这两处场所都是对郑和航海的纪念。在狮子山下，它们和自然融为一体，作为对海神朝圣之地，很多海员，包括当时的郑和都会时常参拜这里。郑和墓则位于南京南郊牛首山麓，座落于安静的绿树丛中，有着田园般静谧迷人的风光。

大量书卷中记载了郑和航海探险的事迹，深刻影响和鼓励着人们去探索，深受后人崇敬。一些当代学者和探索者，甚至认为这些船将郑和的探险带到了遥远的南美和加勒比，给予了中国人以美洲探索者的美誉。

当时欧洲微小的船只构造和郑和船队中的拱形宝船相比真是相形见绌

中国的许多路名叫"中山路"，而以"中山"命名的建筑和公园也遍布各地，可见孙中山在中国人心中的地位。同样，孙中山在世界上也没有几个政治家能与之相提并论。孙中山起共和而终帝制，开创了中国民主革命风起云涌的历史新篇章，可以说功载千秋、万古流芳。

中国革命的先行者

中国的许多路名叫"中山路"，而以"中山"命名的建筑和公园也遍布各地，可见孙中山在中国人心中的地位。同样，孙中山在世界上也没有几个政治家能与之相提并论。孙中山起共和而终帝制，开创了中国民主革命风起云涌的历史新篇章，可以说功载千秋、万古流芳。

孙中山出生在广东省，而后出国接受教育。他曾是一位医生、作家，而后成为革命家、政治家。1912年1月1日，中华民国临时政府在南京成立，孙中山被推举为临时大总统。

绿树掩映中的南京总统府是孙中山就任大总统的办公之处，是在前明朝王府的遗址上改建的。为什么选择南京为都？孙中山曾经说过："南京位置乃在一完善之地区，其地有高山，有深水，有平原，此三种天下钟毓一处，在世界中之大都市诚难觅此佳境也。"

孙中山的一生，为南京留下了难以磨灭的印记。1925年，孙中山在北京与世长辞，1929年，在南京举行了隆重的奉安大典。孙中山安葬在南京的墓地是他亲自选的。早在1912年3月，孙中山登紫金山，他向远处眺望，顿觉心旷神怡，便对同行人说："候他日逝世，当向国民乞求一块土，以安置躯壳耳！"

右图：
孙中山的雕像，位于中山陵祭堂内，需要爬上392级台阶才能看到

作为国家森林公园，南京中山陵景区占地辽阔，绵延于紫金山麓，满山遍布枫树、银杏和松树，芳树垂绿叶、青云自逶迤。中山陵依山而建，结构严整，观之而生一股浩然之气，展现出了中国传统和现代元素相结合的设计美感。自博爱坊登392级台阶，可拜谒孙中山陵墓，亦可俯瞰翠色，一览无限美景。

陵墓里面是巨大的孙中山坐立时的大理石雕像，周围环绕着中华民国宪法的题词，传播了孙中山的三民主义，即"民族、民权、民生"的思想。进到陵墓里面，穿越一个小门，是一个圆形大厅，那儿有孙中山的石棺，另一个大理石制成的孙中山像安详地放着。当你俯视中国伟大领袖的雕像时，房间里一片寂静，心中的崇敬油然而生。

左图：
俯瞰中山陵

南京新街口广场中央矗立着孙中山先生的铜像

人类历史上最黑暗的事件发生在1937年的南京。日本侵略军攻占南京，开始了长达六周的大屠杀，有30万的受害者惨遭凌辱被杀害。侵华日军南京大屠杀遇难同胞纪念馆，静静伫立于这座城市的西南角。

难以忘却的纪念

　　人类历史上最黑暗的事件发生在1937年的南京。日本侵略军攻占南京，开始了长达六周的大屠杀，有30万的受害者惨遭凌辱被杀害。侵华日军南京大屠杀遇难同胞纪念馆，静静伫立于这座城市的西南角。

　　纪念馆是一座巨大的船型建筑，墙壁封闭成一个肃穆的空间。当你走进去，会立刻有种与世隔绝的感觉。一些稀少的青铜器和石刻，折射出暗淡和伤痛。同时，在纪念馆里参观，会感觉到无边无际的荒凉和悲哀无助。

　　纪念馆提供了大量的关于日本侵略中国时的信息和对媒体实施的封锁。作为佐证展出的实物有服饰、武器、报纸原件，以及其他一些生活品的佐证。

　　你越往里走，就越能看到那些曾经发生的事实真相，证言、证词和实物，以及"万人坑"，让人触目惊心、悲愤难平。

　　这个城市有19处南京大屠杀遇难同胞丛葬地，它们像这个城市的伤疤，让人们总是隐隐作痛。它们时刻警醒人们，勿忘历史，珍惜和平。

这个雕像象征着包容和原谅，平静地伫立在纪念馆内

右图：
纪念馆内严肃的提醒者，时刻告诫人们勿忘那场浩劫的惨痛

这儿，秦淮河边的古长干里，千年前沉睡金陵长干寺地宫的一件佛家圣物，精美绝伦的七宝阿育王塔，出现在21世纪人们的面前。

盛世佛缘

2008年11月22日，阳光把秦淮河映染成色彩斑斓的十里画廊。这画廊中有一处胜境，让世界的目光在这里聚焦。这儿，秦淮河边的古长干里，千年前沉睡金陵长干寺地宫的一件佛家圣物，精美绝伦的七宝阿育王塔，出现在21世纪人们的面前。

东晋初，长干寺之名正式出现。东晋孝武帝宁康年间，高僧刘萨诃在此发现佛祖真身舍利及发、指等圣物，轰动大江南北。金陵长干寺从此被佛教界广泛认可为中土19份真身舍利的瘗藏圣地之一。

公元247年，秦淮河畔出现了江南最早的寺院建初寺。天竺高僧康僧会在此开创了江东地区的译经事业。而后，出现了道场寺、瓦官寺和宝华山隆昌寺等大寺庙。东晋名僧法显就在道场寺中写成了中国佛教僧人旅游印度记中最古的典籍《佛国记》。瓦官寺是一座文化艺术宝库，后人把顾恺之画的《维摩诘居士像》、大雕塑家戴逵、戴颙父子创作的铜佛像以及狮子国送来的玉佛称为瓦官寺"三绝"。隆昌寺，又称宝华寺，最初是梁代高僧宝志和尚在此结庵传经，后建殿宇九百九十九间半，是佛教律宗祖庭，有"律宗第一名山名寺"之称。

"南朝四百八十寺，多少楼台烟雨中。"历史上始于秦淮的江南佛教盛况，在这首流传千古的诗句中，可以追寻到它的踪迹。如今秦淮河畔的寺庙，延续着吴宫花草的生机和晋代古刹香火。然而，一个尘封于人们记忆已久的明代皇家寺院大报恩寺，因为南京七宝阿育王塔的惊世大发现，重新走进人们的视野。

大报恩寺为明成祖永乐皇帝朱棣以纪念明太祖和马皇后之名，在南朝陈时的报恩寺原址扩建，也是南京历史最为悠久的佛教寺庙建初寺及晋代长干寺的原址。大报恩寺明清鼎盛时期，其范围达"九里十三步"。大报恩寺琉璃塔九层八面，高达78.2米，可望见数十里外长江。塔身白琉璃贴面，琉璃拱门，门框饰有狮子、白象、飞羊等佛教题材的五色琉璃砖，刹顶镶嵌金银珠宝，角梁下悬挂风铃152个，日夜作响，声闻数里。17世纪，被进入中国的西方传教士称为中古世界七大奇观，时为南京的象征。

盛世到，佛光现。重现历史辉煌，建设今日佛都，已成为这座城市的务实计划。这种美好的寄托，和谐的愿景，让流连秦淮两岸的人们，相约在幸福的遐想中。

台城残雪

雪后鸡鸣寺

右图：
樱花映古寺

夫子庙公园里的石碑

这是一个朝圣的地方，从古到今都不曾停歇。古往今来的英才俊彦不约而同地来到这里，汲取奋斗不息的精神力量。南京，不仅是明朝前期的首都，也是当时的学术中心。当江南贡院建立，夫子庙成为文教中心后，科举制度进入了鼎盛时代。多达26000名文人学者头悬梁锥刺股，投身到多年的不断学习中，为的是习得孔子的学说而后取得功名。

学术圣地

　　这是一个朝圣的地方，从古到今都不曾停歇。古往今来的英才俊彦不约而同地来到这里，汲取奋斗不息的精神力量。南京，不仅是明朝前期的首都，也是当时的学术中心。当江南贡院建立，夫子庙成为文教中心后，科举制度进入了鼎盛时代。多达26000名文人学者头悬梁锥刺股，投身到多年的不断学习中，为的是习得孔子的学说而后取得功名。在三天时间的科考中，这些博学的才子们就能够阐发他们对于孔圣人的理解并进行创作，最终奠定了中华封建帝国长治久安基础的孔子思想对中国社会巨大影响可见一斑。

这些小铜铃悬挂在夫子庙通道的梁子上

　　至少在唐宋时期，作为通过考试的方式为国家选拔人才的科举制度，对社会的演进曾经起到积极的推动作用，为当时的社会带来了活力。科举是中国古代封建统治者为选拔人才而设置的一种考试制度，让读书人参加人才选拔考试，学而优则仕。科举考试能够帮助读书人获得一定的官衔，以便拥有理想中达官显宦的生活，并且有机会参与中央政权的管理，辅佐君王，为国效力。而也正是封建社会自身的限制，使科举制度日趋腐朽并走向没落。落榜，对一些参考士子而言意味着耻辱，有的郁郁寡欢甚至疯疯癫癫，有的回去继续寒窗苦读，期待来年榜上有名。而其中的一部分落榜者，则去寻求除获得功名之外的新渠道，使他们的知识能够以文学和艺术的形式开花结果，例如，明代画家唐寅就是一位受到科举打击后在绘画事业上取得辉煌成就的旷世奇才。科举考试对于中国很多伟大文化、思想的诞生起到了转折点的作用。

右图：
夫子庙院子里有一口巨大的钟，人们撞钟来纪念伟大的孔圣人

秦淮河岸边的江南贡院是考生的天堂，它是中国古代最大的科举考场，东接桃叶渡，南抵秦淮河，西邻状元境，北对建康路，为古之"风水宝地"。读书和应试，成为封建时代知识分子进入官场的阶梯，是他们取得功名利禄的捷径，因此有了"一品白衫"和"白衣卿相"，有了"万般皆下品，唯有读书高"，有了成千上万的知识分子忍受着"十载寒窗无人问"的寂寞和辛苦，并且以青春和生命编织着"一朝成名天下知"的憧憬和梦想。来赶考的士子从18岁的青年到胡子花白的老者都有，他们从中国的大江南北聚集到这里，然而能够由此显贵的毕竟只是少数，命运的巨大落差，使千万学子纷纷挤进了这一个个小小的门洞——至于后来，有了《儒林外史》振聋发聩，越发显出了旧科举制度的荒唐。大多数学子终身徘徊于殿堂之外，皓首穷年，蹉跎一世。也有富家子弟，自知功力不济，难以问津，索性玩个痛快，到南京寻花问柳，游乐一番。

科举的成败已经成为一种关联乡土家族、亲人朋友，以及人生荣辱的庞大的社会命题，名落孙山的考生，他的无奈和悲哀远在名落孙山之外。科考结束后，在茶室和歌姬的居室里都可以看到考生，除了继续贪图享乐的富家子弟，也有焦心等待考试结果的人。每年科举考试仅有三场，共九天时间，但是士子们却会花上数月的时间待在南京，因为发榜需要很长的时间。他们也在寻找各种方式消磨时间，娱乐身心。一些茶室里，不难看到有经验的学者在演说，将他们的思想传递给年轻的、有远大抱负的学生。那些受数年痛苦煎熬之后却一再落榜的学生常常在这样的环境中获得安慰。而那些投身于绘画和书法的学人则陶醉于艺术人生中。

千年后的今天，秦淮河畔又恢复到了明朝时期的繁盛景象，这定会让古代那些从全国各地到此参考的考生们大吃一惊。我们走在这街市，好像就走进了明代——早已被历史淹没的昔日恍若重来，而真正的古代考场到底是什么样子呢？我们边走边看边想吧：街道上遍布着购物者、学生和旅游者，一派生机勃勃的景象。彩灯倒映在河中，音乐声和笑声在街角逐渐消逝，让你不禁想去探其来源。

才子一天的生活

千年后的今天，秦淮河畔又恢复到了明朝时期的繁盛景象，这定会让古代那些从全国各地到此参考的考生们大吃一惊。我们走在这街市，好像就走进了明代——早已被历史淹没的昔日恍若重来，而真正的古代考场到底是什么样子呢？我们边走边看边想吧：街道上遍布着购物者、学生和旅游者，一派生机勃勃的景象。彩灯倒映在河中，音乐声和笑声在街角逐渐消逝，让你不禁想去探其来源。那时，也应该是各种美味的小吃随处可见，让你大饱口福。是所有的这些，使得秦淮河畔成了中国古代的"大学城"吧。

在南京，我与许多专家学者进行交谈后，对当时考生的生活有了一些了解。以下是我根据自己的了解，想像的古代年轻才子一天的生活：

成为一名学者对我的家庭而言至关重要。因为一直在乡间生活，从未对学者有过全面的了解。我可以肯定地告诉你，我不喜欢生活在乡间。那里的气味诡异，天气或者寒冷，或者炎热，艰苦的劳作日复一日。每天太阳刚刚升起就要起床，一直忙碌到太阳下山，这些对我一点也不具有吸引力。所以，当父亲从田间回来说我可以去上学的时候，我是又激动又害怕。

第二天早晨，当两个弟弟在田间忙碌得大汗淋漓、脚踝深陷在泥土和污垢里时，我独自一人坐在屋檐下，身旁散着一摞纸，都是文学作品，没有一本是我读过的或是感兴趣的，毕竟那时候我根本不懂阅读。裹成一捆的是笔和石板，很重，石板硬得简直可以敲开那一把在春节时留下的核桃。

激励秦淮学者创作出大量的文字作品和艺术品的，也有这树叶的平凡美

所有的这些花费比我在那天早晨穿的新衣服还贵。对于新的生活我似乎并不适应，我最初开心过，但是后来又非常紧张。我曾经想过，还是脱掉干净的衣服，和弟弟一同在田间工作看起来更为容易。一位老人从泥径走到屋前，打断了我的白日梦。我凝视着他的脚步，他疲倦的脸庞和整洁的卷起的袖子，胳膊背在身后，他和我所看到的其他人都不一样。我坐在那儿呆住了，不知要做些什么。他越走越近，我的母亲在身后拍了我一下，让我朝前方的老者走去。

就这样，我开始了正式的学习生涯。接下来的是多年辛苦的学习，田间的生活与我在此要忍受的生活相比，更像是聚会。学习写作看似很简单，我以为只是拿起毛笔，沾上墨，然后在纸上泼洒就行。然而，那样的想法很快随着背后传来一下接一下老师的拍打烟消云散了。阅读没有这么痛苦，但是不断诵读那些我不会读的字和不懂意思的词，使其在我脑中不断回响，则让我痛苦不堪。

年复一年，这样的学习慢慢开始变得简单。老师在我头上的拍打变得少了，花在背诵诗词和抄写数不尽的范文的时间变少了，我的时间，都花在了既严肃又活泼的交谈上。有一种冷静的情绪代替了早先的激动心情，而当我被告知我现在可以离开乡村前往京城的时候，这种平静被打破了。

在我早期的学习中，我不记得老师对我在阅读和写作上的抱怨有何评论。有时，他会凝视窗外，我可以窥见他厚厚的眼镜后面闪现出微弱的光。如果足够勇敢地去问他，他会告诉你多年前他在京城的一些见闻和参加科举考试的体验。

去往京城的漫长旅程对于我的精神和肉体而言都是一种折磨。我在午饭过后很长时间才到达，当我从摇摆的小船出来踏上码头时，眼前所见的繁荣让我感到震惊。面前是一个拱门通向夫子庙，一上岸就被领进了庙里。我要穿过拥挤的人群，那些沿街叫卖的小贩，还有唱着歌的可爱的女子。我努力挤进大门内，我已经学会了礼仪，而且在脑海里反复想像着进去后要做什么，但是一看到孔大圣人像时就愣住了。

我呆呆地站在那里，笨拙地拿着几柱香，只听到一个冷静的声音从身后传来。我迅速转过身，和说话的老者面对面。那是我的老师，他看着我，面容严肃，而后放松，最后几乎是在微笑。老师带我一步接着一步通过仪式，但我唯一想的就是为什么他会在这儿？

这是我第一次也是最后一次到夫子庙进行朝圣，结束的时候老师带我沿着河畔漫步。他注意到我饿了，就给我买了几块闻起来臭、但是味道却很香的油炸臭豆腐，他也吃起了一小把茴香豆。这里的每件事对我而言都很新鲜，各种声音都在耳边回荡，老师平静地说他来这儿也是参加考试的。

我很震惊，以至于几乎绊倒了一个小桌子，其他人正坐在那里品酒，讨论激烈。老师扶我坐下，给我斟了一杯酒。那浓烈的气味充斥着我的鼻子，我喝了一口，顿时嘴里像是着了火，但是几杯之后，我全身洋溢着温暖，就像回到了自己家的床上。

老师和其他一些人围坐在小庭院里聊天，我听到了一些学过的话语。很快，他们聊到最近在河对岸看的一幕剧。当他们说到河对岸的时候，我的耳朵顿时竖了起来，一位年轻的男子看到我睁大的双眼，点点头，给了我肯定的示意。

老师笑了笑，将讨论拉回到原来的话题上。随着时间的流逝，我变得越来越习惯。在这里我感觉到舒适，因此我会喋喋不休地提出问题，以至于那些词语都连不成句。在为考试的准备中我学到了什么？考试会难吗？河对岸有什么？

这些关于考试的问题很快就变成了热烈的讨论。当然每个人的做法都是不一样的。一些人有过人的能力，能够记住所有的经典，然而其他一些是聪明的善于表达的人，他们写的和说的一样好。其余一些人为他们的地位上升给出了数之不尽的理由，却不知道他们是如何做到的。显而易见，酒让他们的思绪变得模糊。我沉浸在他们的思绪里，酒也让我思维混乱，因为我错误地大声说出了自己的想法，而后又引起了一阵大笑。

这些学者中的一位，大笑之后，告诉我不要担心，因为这不仅是体力比赛也是脑力竞赛。他在描述考试小房间细节的时候陷入了悲痛的回忆里。那个小小的房子不能免受恶劣天气的影响，同时根本就无法休息，那是一项艰苦的测验。其他一些学者嘲笑他们的不幸，将九天时间花在了学术的禁锢里。

有一个人回忆起在寒冷的夜里冻得浑身发抖打颤的经历。又一个人说道他在像我一样大的年纪时，决定多带点食物，但是却被没收了，因为裹着饺子的白纸被认为是用作小抄来帮助他通过考试的。另外一位学者坐着一言不发，直到被人们催着说出他没有通过考试的原因，原来是房子着火了。除此之外没有哪个原因足以迫使他们离开考场。

大伙都很平静，每个人都记得那些往事，我的一个问题打破了沉寂。河对岸有什么？那些老者的脸上立刻就放出光芒，洋溢着微笑。大家站起身来，走过附

龙的主题在官府府第里经常可见，王羲之故居里就是如此

近的那座桥，将我留在了他们未完的学术思考中，一片迷茫。当我看到众人在拐角处消失的时候，我不得不迅速起身赶上他们。

其中一个最年轻的人停留了一阵，酒力乱了他的步伐，要跑是不可能的。他向我走来，指着桥下的小船，这是我在考试时过河必须使用的工具。我也有些迷惑，问道为什么要偷跑出来。他喝醉了，杂乱地做了一些解释。他告诉我一些可以逃出考场而不被发现的方法，同时一遍一遍地告诉我他需要利用这条船渡河。

我仍然心存疑惑，摇摆着走过通往河对岸房子的小径，我脑海中思绪万千。我很激动有这个机会得知如何才能缓解考试压力，顺利度过考试。没有什么事能够驱使我放弃考试，起码我是这么想的。

如何通过考试是我唯一所考虑的。但是现在我不知道我在哪儿，以及如何才能到达目的地，因为这个醉了的导游将我带了一条街道，来到了一个巨大的客房里。我认识的几个学者也在那闲坐，我的老师进入屋子里的一角。令人陶醉的

花香充斥着我的鼻腔，我脑海中立刻浮现出一位年轻美貌的女子，在屏风后面，坐在桌边弹奏古琴，我的心都要跳出来了。我被彻底征服了。

我不知道在那屋子里我们坐了多久，脑海中一直都是那位窈窕女子的身影。我一直让她的形象留在我脑海中，不被其他人的谈话所驱散。我整个人都陶醉在她的演奏中、歌声中和美貌中。直到我的老师推了我一下，我才从呆滞的状态中恢复到正常。他说天色已晚，是该离去的时候了。

南京名人的铜像位于去往江南贡院的路上

我们漫步在晨曦中，老师指出了与我们一起讨论的学者的住所。我向门内一瞥，看到了一个美丽的花园。渐渐消逝的月色倒映在河面上，早晨的朝阳在不远处缓缓上升，好像我以前从未见过一般。老师让我站在那儿，以我所见之景来吟诗，但是我的思绪仍然停留在那个女子身上。

老师继续沿着河畔边走边微笑。我们渡过另一座桥，我试图去掩饰自己窥视的眼神，因为我在寻找一个秘密的停泊小舟的地点，它能够将我带过河去见那位女子。老师叫我去陪他饮杯茶，我赶紧跟上，生怕被发现。我意识到他将我带回了来时的那个地方，面前是夫子庙和贡院，我开始了我第一天的学院生活。

要想深入了解中国社会的特点，就需要去研究并了解孔子和他的生活。可以说，孔子的思想使中华文明的源头容颜初展，使华夏民族的文化记忆瑰丽而神奇，丰富而精彩。两千年以来，中国社会大部分都被儒家思想所统治。科举考试就是主要建立在对他和他弟子思想理解的基础上的。孔子学说为教育思想、统治理念，甚至是社会等级制度奠定了基础。

孔子其人

　　要想深入了解中国社会的特点，就需要去研究并了解孔子和他的生活。可以说，孔子的思想使中华文明的源头容颜初展，使华夏民族的文化记忆瑰丽而神奇，丰富而精彩。两千年以来，中国社会大部分都被儒家思想所统治。科举考试就是主要建立在对他和他弟子思想理解的基础上的。孔子学说为教育思想、统治理念，甚至是社会等级制度奠定了基础。

点燃巨大的香是为了纪念孔子

　　饭疏食饮水，曲肱而枕之，乐亦在其中矣。不义而富且贵，于我如浮云。
　　　　　　　　　　　　　　　　　　　　——《论语》

　　一个没有思想家的民族就是一个没有灵魂的民族。孔子经常被比作是中国的苏格拉底，他早期的生活带有浓重的传奇色彩。他一生中大部分扮演的都是一个穷学者，史学家声称他的祖先最早可以追溯到5000年前的黄帝时期。他的爷爷和父亲都属于政府底层的公务员或地方官，他的父亲以在军队里的骁勇而闻名，因军功被授予了大夫的职位。他的母亲是一位受过教育的女性，一生致力于给儿子提供坚实的基础，遵循古时圣人的方式教导他。

　　当谈到孔子时，很多不知出处的传说都被引用，有些评论甚至很尖锐，说他长相丑陋。现在孔子的肖像出现在了众多商标上，这位风华绝代的文化巨星，有前凸的额头、下垂的眉毛和突出的眼睛，我们在很多地方一眼就能看出来是他。

孔子的早期生活大部分时间都集中在学习和寻师上。他是位有天赋的学生，没有多久就成了一颗新星。然而，他早期的绝大部分工作都在一般人之下，并不符合他的学者身份，比如当过掌管财务账目和牛羊牲畜的小官吏。在他的后期生活中，接受了很多政治任命。孔子似乎一直处于一种不安的生活中，中原大地上到处留下了孔子的印记。孔子也因为这一次的周游，从杰出走向伟大，成为中国历史上一位永远的先师。首先，他凭借才能得到政治家认可，之后又因其信仰与统治者不同而受到排挤打击。他只得带着一些学生外出游学，宣扬其政治主张，可又饱经磨难，甚至在陈蔡绝粮。屡屡失败的孔子有如丧家之犬，他有些心灰意冷了。那段时期可以看成是一种羞辱，而对于这位处于人生发展阶段的哲人而言，却奠定了万世师表的基础。

华夏民族这么大，如果永远是无政府的、无组织的生活，是非常危险的，它的文化肯定不是发展的，它迫切地渴望秩序化。孔子的一生都致力于为众人和统治者树立一种规范。孔子的思想是将自然和人情最和谐地搭配，将超自然的上天和芸芸众生的命运相联系。孔子认为，人们应该对他们的行为负责，特别是如何对待他人。他充分相信人们所做的事会影响到后代，因而应该出于最高的关怀来行事做人。

> 君子之于天下也，无适也，无莫也，义之与比。
> ——《论语》

这一贯穿中国社会的人际关系准则，不仅仅是人们要遵循的，而且是等级观念形成的基础。五种最基本的关系是君与臣、父与子、妻与夫、兄弟之间和朋友之间的关系。这些都是影响了世界几个国度中顺从和尊卑的观念，如韩国、日本。孔子提出的观念和学说可以在《论语》中看到。论语在当时影响了他的早期追随者，现在仍被认为是经典，使得孔子成了广大老师、教授和道德家心中的圣人和中国历史上的智慧中心。

夫子庙里文人才子的铜像

《论语》被认为是理解孔子关于社会、政治和教育思想的最好的依据。这本记载着孔子和他学生交流的言论选集，非常注重细节，甚至记载了有教养的人应该如何穿衣的内容。孔子汲取了过去学说的精华，自称是那些思想的传递者，对古人充满了尊敬和爱戴。后来他建立并实施了对于祖先崇拜的思想和在社会道德体系中的孝道和虔诚。也许当时的社会过于动荡，所以他人格的固守和意志的执著，就更显得坚毅和神圣了。孔子讨论和提出的观念是全新的，而且脱离了当时那个时代。

> 为政以德，譬如北辰，居其所而众星共之。
> ——《论语》

夫子庙建筑的屋檐

花，装饰着中华门入口

谈及社会，孔子花了大量的时间讨论和论述怜悯他人以及对于大众的爱的重要性。要正确地做到这些，需要一个否定的视野，不要高估自己的价值和能力。谦虚是由孔子提出的一个大概念，他特别指出要避免复杂的言论和自我浮夸的态度，这会导致错误的表现，不仅对于个人而言，而且在别人眼里也是如此。这些实现孔子理念的方法，在一些宗教和哲学中也得到了体现。"己所不欲，勿施于人"，就是一个很好的例子。如此深刻的思想，即使放到中国五千年历史的壮阔背景中，也是具有恒久价值的。

孔子学说中最重要的就是等级观念，这不仅是要尊重前辈与上级，更是一种实行统治的方式。孔子传播礼乐，为中国和谐社会留下了一条饱含精神汁液的根。他提出，对于父母和兄长的关心是一个和谐社会的基础，人们需要通过自律和自我控制来不断学习。为了做到这些，孔子大力提倡"礼"，中国概念中的礼仪和行为规范极其严格。通过掌握这些礼仪，人们能够获得自己想要的尊重。

同样，孔子坚信自己的思想更能解释宇宙、社会和人生。他指出，如果不考虑到别人的感受，所有的仪式和礼节都毫无意义。孔子提出，礼仪不只是一种需要被实行的形式，而更是要出于真诚。掌握这些礼节和自我的奉献会使人了解一个人的欲望，同时将对于家庭的欲望和社会相调和。通过欲望的表达，我们能够了解到社会结构的价值。

也许是天佑中华，也许是冥冥中的安排，孔子时代已经提出，要将这种自上而下实行的自律渗透到人们中间，同时联系着每个人，从而共同怀有这样的观念。孔子认为这种自律应该遍布社会的各阶层，人们不仅应当关怀他们的家庭，而对别人也应该一样关爱。这样，老者受到关怀才会有安全感，那些工作的人会关注他们的工作，年轻的人致力于他们的学习。所有的人都做到最好，这就是整个社会和谐的观念。这些华彩乐章奠定了孔子思想隐秘而悠长的基础。

> 君君，臣臣，父父，子子。
> ——《论语》

在政治上，孔子认为统治阶级应该加强学习并实践自律，用树立个人榜样来进行统治，同时应该用爱和真诚的关怀对待他人。孔子认为，爱别人是一种使命，每个人应该准备好去证明这一点，甚至是牺牲自己的生命。孔子认为他所处时代的政治机构让人们大失所望。他认为，这应该归咎于统治阶层热衷于使用强硬的立法手段和准则，只给上层带来益处，而忽略了社会最底层的利益。应该说，这个执政理念发现的意义非常重大，至今还值得全世界进一步地探索。

为纠正这一错误，须做到所拥有的权利与身份相符合，孔子认为太多的人都丧失或是偏离了他们对于自身职位的理解。孔子认为，只有领导者的行为是正确的，人们才可以遵循。为了做到这一点，深刻而渊博的孔子规定了一个关于道德的观念和行为的范围。如此一来，统治者就不会凭借权利来独断专行，而是充分相信和依靠基层的智慧和力量。

在孔子看来，道德是通过实施礼仪来实现的。礼，部分来自于孔子对古代中国贵族礼仪的认识，包括了庆典和祭祀所遵守的习俗。掌握一门高级的礼仪能看出一个人的身份，比如，在奉祀祖先的寺庙里遵守适当的祭祀礼仪，表达出谦逊的态度和对前人的敬仰。当然，同样重要的是继承礼仪。这治理了错综复杂的社会联系，重申了社会责任。因此，孔子思想的出现成为中国文明进程中的一个重大转折点。

> 夫仁者己欲立而立人，己欲达而达人。
> ——《论语》

古碑

传授和学习，在孔子看来同样重要，他的教育事业持续了将近50年。他认为，为人师表，首先应该熟悉先人的行为方式，也要一直保持向他人学习的态度。孔子认为每个人都应该有这样一个观念，就是无论在生活中的地位如何，都应始终保持这些想法，加强自我认识。使中华墨香四溢的孔子，授课的方式可谓在当时独一无二。

孔子所教的学生也各有千秋，教学方法取决于他们的学习能力，同时他也鼓励学生要独立思考。他以询问和引用经典、寓言著称，对于学生而言更像一本指导书，去帮助他们发现问题的答案。教学是坦诚的对话交流，也有激烈的思想对峙。因此，孔子的授课风格也很受挑战，因为他拥有了超过3000名学生，但是只有70个被认为是完全掌握了他关于道德、演讲、治理和高雅艺术的思想。我们想像着先秦诸子们生活的年代，一边是日趋式微的周王室，一边是群雄并起的诸侯，一边是宫廷王室权力的争夺，一边却是思想的交锋，这是何等壮观的景象。

孔子时期思想的丰富和高度让人叹为观止，以至于后继者无法攀越。孔子的精神财富体现在他的学说、他与弟子交谈的言论，以及汇编和修订历史的故事、诗歌和礼仪。他的弟子对这些资料的搜集，不仅为后来孔子思想的传播奠定了基础，也为他在后来中国2000多年的历史中成为圣人奠定了基础。这个选集也被列入了儒家的四书五经。

四书是《大学》、《中庸》、《论语》、《孟子》。《论语》对于那些初学者而言是最通俗易懂的，因为该书中都是一些短句和短篇，经常被引用。《大学》和《中庸》包含了孔子这位伟大的思想家和他的优秀弟子对于礼的阐释。四书合在一起被认为是儒家思想的精髓。像孔子这样济世责任感浓烈的知识分子，在华夏文化的洗礼下，开始深刻反省人生意义、宇宙社会秩序等，重构了民族的思想体系。

同样重要但是视角不同的是五经。五经是《书》、《礼》、《易》、《诗》、《春秋》。《书》包括了一些最早的编年史的论文，提供了关于历史的最早的故事。《礼》详尽记录和解释了贵族的庆典和遵守的习俗。《易》是另一部有关历史变化的书，对周朝作出了特别阐释。《诗》是中国最早的诗歌总集和史诗集，为中国几个世纪以来的文学奠定了基础。而《春秋》，是一部关于历史的纪实性的言论选集。在孔子为中华文化精神奠基的同时，苏格拉底、阿基米德、亚里斯多德、释迦牟尼这些伟大的哲人，几乎同时出现在地球上。

学而不思则罔，思而不学则殆。
——《论语》

当你将孔子学说融会贯通，就会了解：孔子愿意去教任何人，他相信，无论生活状况如何，每个人都有个人的观点。这也正是古代科举考试的出发点。

夫子庙前的河面上飘着莲花灯

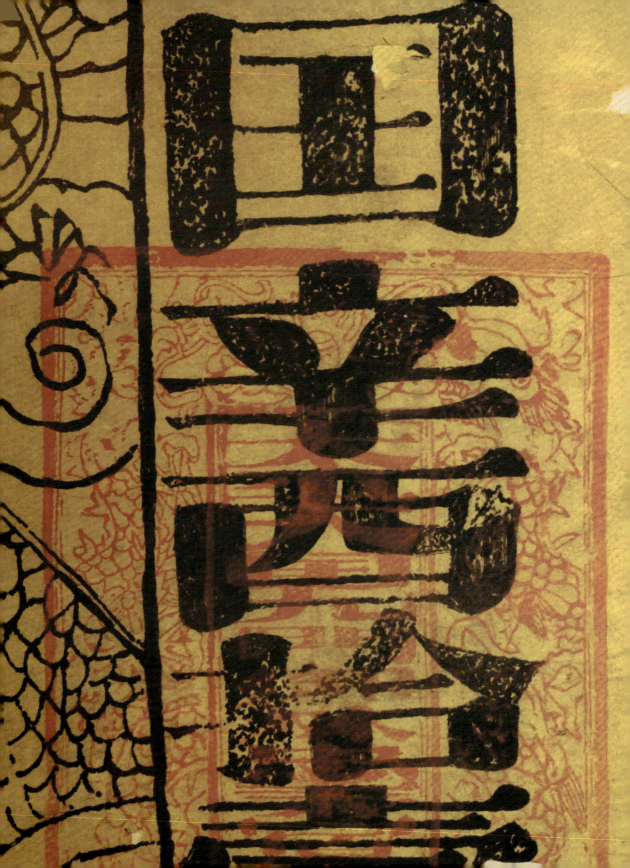

在中国古代实行了一千多年的科举考试，有人认为，是一项很艰苦，让人气馁，有时候也觉得过时的考试，诸如此类的论述很多。然而正是这一革命性的考试制度创造了大量的人才，它在中国持续了长达1300年。当世界其他地区都在通过世袭实行统治，有时甚至是凭借残暴的武力制驭天下时，科举考试在中国诞生了。科举制度的中心思想是只要是有智慧、有学识的人，无论身份如何，都可以做官，拥有一定权力，辅佐君王的统治。

遥想科举

> 见贤思齐焉，见不贤而内自省也。
> ——《论语》

在中国古代实行了一千多年的科举考试，有人认为，是一项很艰苦，让人气馁，有时候也觉得过时的考试，诸如此类的论述很多。然而正是这一革命性的考试制度创造了大量的人才，它在中国持续了长达1300年。当世界其他地区都在通过世袭实行统治，有时甚至是凭借残暴的武力制驭天下时，科举考试在中国诞生了。科举制度的中心思想是只要是有智慧、有学识的人，无论身份如何，都可以做官，拥有一定权力，辅佐君王的统治。科举考试通过一个标准化的系统去选拔那些有学问、最杰出最优秀的人担任官职，为朝廷效力。江南贡院高大的牌坊因此而成为一个号召，一个指引——鼓舞学子们为功业而不懈努力。

任何成年男子通过科举考试都有可能获得相当高的官位，在科举考试的历史中，只有寥寥几个女子破例参加了考试。科举考试在教育中是实现社会理想的通道。事实上，参加考试代价很大，一方面，需要长时间地学习，另一方面，还要拜师，所以，绝大部分想要成为学者的人都是来自有经济收入的社会阶层，来自能够支持他们学习的家庭。然而，大量的事实表明，在中国历史上，很多人能够从社会最底层上升到有权势的官僚阶层，而只需要通过这一项考试。举目向上，这龙门，曾是多少学子心中的殿堂？如何能圆一个今生今世的梦想？

左图：
通过科举考试后会盖上印章

一千多年前的隋唐开创了早期的科举考试，从那些已经任命的政府官员中再次选拔人才去效力朝廷，职位是由考试获得而不是买，民众对于政府的忠诚度提高了。这种初现雏形的考试制度不断发展，增加了政府的核心凝聚力。科举考试的发明，绝非一人一时之功，是智慧的创造。由于每个地区的配额保证了职位的公平分配。通过全国范围内的选拔，以及不允许新任命的官员在他们的家乡任职超过三年的规定，限制了权力滥用。科举考试给了人们摆脱经济拮据的机会，获得新的更好的生存状态，建立新的人际关系，使得科举考试极为诱人。

对考生的要求是综合的，他们至少要会附庸风雅，要有传统文化的积淀，要熟读一些古典诗词，要掌握一些历史典故。这样，通过科举备考也诞生出了一批受过教育的知识阶层。无论考试能否通过，都会使考生对教育的内容有所理解，对于一系列价值观念达成了统一和共识，加深了文化修养，促进了国家中各种独立思想的繁荣。虽然只有不超过5%的人会通过考试，获得职位，但这并未使得人们放弃考试，反而促进了其他人努力想要达到一个新水平。尽管有些人因为考试没通过而大失所望，但大量受教育的人继续努力获得职位，通过从事艺术、教师这样的工作为社会作贡献，扮演着非常重要的角色。

通往高位的考试有几个阶段，需要一一完成。首先是通过最基础的地方考试，然后就到省级考试，最高等级的考试是殿试。考试每三年举行一轮，不止需要学习，而且也需要游历的经验。对于一些人而言，获得最低等级的职位就足够了。在省级职位以下的官吏能够获得少量的薪俸。获得官方认可的学者，则可以免除肉体惩罚和一些特定的税收。为了获得类似现在公务员的职位，候选人必须通过几个阶段的考试，开始是初级的地方考试，通过了再进一级，如果成功了就会进入乡试、会试，最后是殿试。要进入最高的等级的考场，需要极大的付出和丰富的学识，只有少数的人能够达到殿试水平，在那里考试的人可以给君主留下深刻印象。这些情景，叫人不禁怀想：曾几何时，谁和谁曾经不眠相望，留下几声赞美，几阕清词，饮过几杯烈酒，唱过几首歌谣？

考试内容主要是关于文学和哲学。在科考最鼎盛的时期，考试的问题则集中在法律、税收、军事、地理和农业五个方面，还有对孔子思想的掌握。善于学习、背诵，以及能够对于四书五经做出评论的有才之士，方可脱颖而出。从科举的路上走过，既是人生的一次苦旅，也是心灵的一次跋涉。

考生为了防止考试好运被"磨"掉而在笔杆上装上笔套

考试遵循标准程式，但是题目设置不像今天的单项选择或是填空。九天的考试中，学生需要写"八股文"。文章应高度规范，要求学生回答问题字数700字或更少。考试按照抽题、受题、开始讨论的程序进行，文章架构为首段、中间段和尾段，最后是结论，多年来最终成为写作和文学创作的基础模式。这种文体，在理论上使得批改更为方便。不过，一些教育学家称这一形式太苛严，因为不允许适当的争鸣，拘束了自由思想的文化活力。江南贡院，应该是最大的八股文生产基地了。

龙形装饰的石阶

江南贡院位于秦淮河边，一次可以容纳两万六千多学生，是一个巨大的学习中心。今天完好保留下来的是两万考试小屋中的千分之二，展现了那时考生考试的情景。江南贡院在大约1000年前宋朝的时候建立，当时是府、县科举考试之处。在明朝政治和社会的全盛时期，南京再度成了中国帝王统治的首都，这里便成为全国会试的场所。

江南贡院中的考试

爱之，能勿劳乎？忠焉，能勿诲乎？
——《论语》

江南贡院位于秦淮河边，一次可以容纳两万六千多学生，是一个巨大的学习中心。今天完好保留下来的是两万考试小屋中的千分之二，展现了那时考生考试的情景。江南贡院在大约1000年前宋朝的时候建立，当时是府、县科举考试之处。在明朝政治和社会的全盛时期，南京再度成了中国帝王统治的首都，这里便成为全国会试的场所。

尽管这里是最大的考试中心，但恐怕当年一定让很多考生觉得恐惧——那些房间在现在仍然堪称狭小，因为那三面墙围成的小房间只有一平方米大小。单调的墙不能给人任何宽松的感觉，两根木条成了板凳和桌子，晚上则可以当成床。考生需要接受检查才能进入这小小的房间。晚上在里面睡，看起来小得都不能完全躺下一个成年人。时光载走了历历往事，只有孩子们嬉闹着，只有怀旧的游人在留影，提醒我们今昔变迁，旧景难再。

科举考试全力保证公平。因为考试的目的就是为了通过学习和考试公平地选拔人才。在所有的科目中，考官会给考生号码以代替姓名。作文完稿后由第三

一片

名家總惟朱註是遊參迪後

書一旨備先生退菽□書獻迪後

河內傅智如布帛菽粟之無可□明其

是著逐節逐句逐字悉□翻

前則鄉□遂師逐節□斯初擎之津梁

亦成材之受其範圍也但書行世目久

□說殊不少又其提者增刪剪當幾失

外不少又其摄者增刪剪當幾失

不與朱子相瀹合也但書行世目久

無不與朱子相瀹圍也但書行世目久

个人誊写，保证笔迹不被认出，从而任何人不会被偏袒对待。这种严格的考试过程，确保了公平性，也减少了作弊的可能。走进考场，好像就走进了当年——早已被历史淹没的昔日恍若重来，可真正的科举考试到底是什么样子呢？我们边走边看边想吧。

需要指出的是，考试中学生使用的作弊技巧也是当今展览馆中一个精彩的部分。供抄袭的纸片和提前写好的答案，在当时被偷偷带进考场。考生把便条藏在食物里，甚至缝到衣服里。对于一些人而言，考试意味着地位的提高，然而对更多人而言，考试成了精神负担，几分无奈，几分慌张……因此，作弊成为一些人的唯一选择。由于靠近门口守卫的士兵决定着学生能否带入纸条，因此考生行贿很常见。

一旦考试开始，考生就无法离开。望塔监视着士兵，士兵监视着学生。无论寒冷或炎热，考生只能忍受。对于那些穷学生而言，这里还是可以居住的，而对于那些富裕的考生而言，这简直是一个噩梦——考试就是对于一个考生身体和心理承受能力的测验。但考生却不得不忍受这种环境，身心付出实在是太大了。我站在这考场里，就像站在历史的岸边，阅历沧桑后，心中似有丝丝阵痛。

考生多年的学习，在为期九天的马拉松式的考试中得到完全发挥的机会很小，更别说要马到成功。那些失败的人如果要等下次再考，则要继续付出艰辛的三年。对于那些金榜题名的人而言，没什么比跨过考试大殿里的龙槛更让人惊喜的，这是第一次公开展现学者的身份的舞台。科举之于他们，已经不再是单纯的工具，而是注入了非凡的精神内容，人生的华丽殿堂就此破土了。

游客在进入江南贡院前抚摩铜像以获得好运

右图：
浪漫主义诗人李白像立于秦淮河畔

自然的美造就了秦淮河畔人们的艺术才能

能用兔毛笔勾勒出一幅幅美丽的画卷，这样高超的技艺在南京比比皆是。还有，用精美的中国彩纸裱扎出活灵活现、栩栩如生的彩灯，也是秦淮河畔能工巧匠所独有的技艺。柔软华丽的服饰塑造出江南女子的纤柔妙曼，纤纤玉手中流淌着的古琴声似水流年，余音袅袅，不绝如缕。

艺人在设计云锦纹样

能用兔毛笔勾勒出一幅幅美丽的画卷，这样高超的技艺在南京比比皆是。还有，用精美的中国彩纸裱扎出活灵活现、栩栩如生的彩灯，也是秦淮河畔能工巧匠所独有的技艺。柔软华丽的服饰塑造出江南女子的纤柔妙曼，纤纤玉手中流淌着的古琴声似水流年，余音袅袅，不绝如缕。

我们常说，在民间文化中方能体会到生活的真味。由简单的装饰品或是生活必须品衍变成一种更加精美、独特的工艺品，在南京具有源远流长的历史。那些作为小孩子玩具的空竹，真是奇妙绝伦，竟能在人手中不断旋转翻腾，变幻出各种造型。而糖人技艺和美丽的剪纸的制作过程，更让人惊讶不已。糖人技艺堪称饮食的典范，用简单煮过的糖，便可随心所欲做成各种栩栩如生的螃蟹、鸡和龙的形象。尝一口随处可见的街边小吃，都能体会到南京百年流传的技艺和文化传统。重要的是心情，因为当你将自己的情绪和记忆——寂寞或期盼、快乐与狂欢，都一一包孕在心里时，看什么，吃什么也都不重要了，也都有了无可取代的别样滋味。

幸运如南京，不会因为年代的更迭而韶华不再，这座名城以其深厚的文化底蕴和悠久的历史成为中国著名的传统文化及民间艺术的摇篮和中心。秦淮河作为母亲河，不断孕育和传承着南京著名的民间文化。曾经在桨声灯影里活过，曾经在花样枝头上活过，这样一个金粉繁华的地方，从来不小气，俗也俗得版图宏大。一转身一回眸就是那么多的朝代，那么多的艺术，还有那传说，那民俗，那说不清道不明的城市性格。

左图：
精美的云锦

中国的书法在所有技艺中最为杰出，在学术上也取得了引人瞩目的成就，它由早期的传递信息功能，演变为用线条勾勒出数千个中国汉字的宏大阵容，其高超神奇，令人叹为观止。现在，这些汉字数量超过了五万余个，需要集中训练和记忆才能完全掌握。形形色色的汉字编织成形形色色的迷宫，而不同的偏旁部首则演变出更多的汉字和句子，看上去像诗歌。有韵味的书体峥嵘矗立，如同伟岸宏大的祠宇。这样坚如磐石的沉着，这样惊心动魄的壮美。

书法

中国的书法在所有技艺中最为杰出，在学术上也取得了引人瞩目的成就，它由早期的传递信息功能，演变为用线条勾勒出数千个中国汉字的宏大阵容，其高超神奇，令人叹为观止。现在，这些汉字数量超过了五万余个，需要集中训练和记忆才能完全掌握。形形色色的汉字编织成形形色色的迷宫，而不同的偏旁部首则演变出更多的汉字和句子，看上去像诗歌。有韵味的书体峥嵘矗立，如同伟岸宏大的祠宇。这样坚如磐石的沉着，这样惊心动魄的壮美。

中国书法本来就是一个华丽的传说，书法里的历史，有千岁百载，饱经了岁月沧桑，又平静怡然。中国的书法技艺蕴藉了一个人的文化造诣和艺术学养。其中有山逶迤，水蜿蜒，树影婆娑，曲曲弯弯的墨迹，纵横交错，相互连通空阔孤幽。在中国，书法往往能说明一个人的书写水平和风格，同时也能展现个人的品行。这比西方的书法评判要求更高，也出现更早，这种书法技艺能够使你在众人中脱颖而出。而古代学府考试中最重要的组成部分就是考察一个人是否能够凝神静气，通过书法将个人蕴涵娓娓道来。书法家族穿越在篆、隶、楷、草之间，像是不同乐器演奏的音乐，在这黑与白的对照中，我们真的看到了，象形字的背影流溢出一幅幅清新且淡雅的水墨画长卷。

所有的书法作品都以钤印红色印章来收尾

写英文诗需要掌握和理解词汇及单词的含义，对于中国诗歌而言也是如此。就视觉效果而言，书写的美观和卷面格式，是评判一幅作品是否优秀的最基本的审美标准。古代学者写书法时，常会联想到自然大千。在我们隐隐约约听见大地颤动，春雷在呼唤万物苏醒时，是否不知怎样细说？六朝的南京，是书法的帝都，那个叫人梦绕魂牵的年代，连哲学都飘扬着艺术的芬芳。书法家们胸有沟

右图：
优美的书法，浑然天成

垫，手握风雷，纵意山河，曾经以惊天地泣鬼神的毛笔从容不迫地驰骋华夏。比如，对于外人而言，龙跃天门和虎卧凤阁看起来是书法中简单的一笔一划。其实，需要更深入地对艺术揣摩。此时，不要诗人式的惊叹与赞美，要的是一些领悟和迷惘，那么，就接近我们常人所说的鉴赏家了。

提到南京的书法，用龙蟠虎踞来形容最为恰当。南京之所以选择这样的城市位置，就是因为其山的地形在美术上看就如龙和虎两种巨兽。早在三国时期，吴国的君主就援用这两个与皇室匹配的图腾形象去形容南京，这也展现了该君主的雄才大略。被尊为书圣的书法名家王羲之，他的书作呈现出一种冷逸和静寂的风格，竟似历经风雨的虬松，盘绕披挂，却不失倔强的性情，欲腾欲飞，犹如得气而生。

王羲之当之无愧是中国书法的改革者，他将古代书法风格与当时的书法相结合，采择众长，备精草、行、楷诸体，一生都受到中国书法家的追崇。大气和旷达的字，岂止是儒雅，简直让人莫测高深。他在早年就开始学习书法，将大部分时间用在临摹前人的书法范本上，以至于附近的河水都被他的墨笔濡染成了玄色。其书法和谐包容野趣，呼应天人，成就了一种不能言说的文化符号……那轻松飘逸的汉字激励了一代代的后来者，其名作《兰亭序》更是为书法家们树立了新的书法评判标准。这些字，比肩而立，相视而笑，装点着书家的园圃。今天，我们在秦淮河畔依旧能够瞻仰到王羲之和其他一些后来书法名家的故居。

要将注意力完全集中来创造出舒展的字体，需要多年努力

左图：
秦淮河畔汇聚了众多书法名师，这位书法家片刻间就能以传统风格书写出一首诗

在南京，特别是在文化渊深的秦淮地区，总能看到书法家和当代艺术家们的精美杰作，其高超的技艺令人惊叹。崔丽娟，这位年轻可爱的艺术家的书法技艺源于晚清时期。她用食指代替毛笔来作画。她灵活弯曲的手指如同天鹅之颈，不用借助任何其他工具来完成书法。她抑扬顿挫的书体变化体现了独特韵律，就像古琴或者是箫奏出的曲子，余韵悠远。

崔丽娟来自华夏文化的发源地河南郑州，她被秦淮一带的美丽风光和动人传说所深深吸引。作为一位女性，她为秦淮河畔古代奇女子的灿若云霞的气节所鼓舞，因为那些美丽的故事在许多文人笔下闻名遐迩。作为一位艺术家，花园式的背景和轻松的环境给她提供了创作空间和灵感。书法意境，依赖景象而存在，这景象，背景是江南风雅，得来靠意趣悠然。和旧时的艺术家们一样，她扎根秦淮，被其魅力所感动。

杨献文也是一位书法家，他是秦淮文化的专家，对秦淮文化如数家珍。作为一个土生土长的秦淮人，杨老师见证着秦淮的发展，也搜集了一系列关于秦淮地区文化和艺术的典籍。他不知疲倦地安排我和艺术家们交流。同时，他不仅体现了自己高超的技艺，也为游客展现了各式各样的高雅艺术。书法、诗歌和各种艺术精品汇聚秦淮。在杨老师身上，可以看见秦淮文化生生不息的活力。他的书法的意境，是在具体的有限的景象之中融入对古代风华的体味，融入与自然交流的体验，融入对人生哲理的体察，并由此取得净化心灵的美感，让人产生多种多样的联翩浮想。

中国书法的蔚然大观，构筑起了空前绝后的古代博物馆群。用中国书法书写的诗歌是最值得珍惜的礼物，它寄托了诗人的情怀，也饱含了画家的情感。艺术家富于生命体悟，正如画家能够用新的视野去展现一片普通的叶子。当四面风吹过，青灯黄卷，静穆超然，引后人无限向往。书法是有灵性的，不然哪会有这许多文人墨客以此寄托自己的性灵人生？

崔丽娟的手指就像是毛笔，她转动手指、沾着墨汁在纸上书写

草木的枯荣连接着人间的休戚，艺术也是有生命的。尽管最初书法被誉为是一门技能，而绘画则被当成是一种手艺，但中国绘画和书法一直相濡以沫，共生共荣，比翼齐飞。然而，中国的绘画后来以其独特的风格、技艺和特点，发展成为在世界广受尊崇的艺术作品。许多中国画只使用黑墨，不需借助任何色彩，将人们的注意力集中在灯光和阴影的强烈映照上，挥洒的浓墨和对细节的勾勒相得益彰。

绘画

以多种方式来转动毛笔可以改变下笔时的轻重转换

草木的枯荣连接着人间的休戚，艺术也是有生命的。尽管最初书法被誉为是一门技能，而绘画则被当成是一种手艺，但中国绘画和书法一直相濡以沫，共生共荣，比翼齐飞。然而，中国的绘画后来以其独特的风格、技艺和特点，发展成为在世界广受尊崇的艺术作品。许多中国画只使用黑墨，不需借助任何色彩，将人们的注意力集中在灯光和阴影的强烈映照上，挥洒的浓墨和对细节的勾勒相得益彰。人们可以将其比做是黑白摄影术，完美展现了隐藏在刺眼的调色板后面的影像灵魂，有着画家独特的人生经历，附着他的梦想和性格，甚而有属于他的不可名状的神秘。

延续着书法家的风格，画家用画笔蘸着黑墨创作。墨的浓度从深到浅均匀变化，完全如音乐般释放着魅力，这取决于艺术家所画的对象和个人即兴情绪状态。而要真正参悟中国画，当有蕉窗听雨般的超尘涤虑。一位艺术家可以放下他的画笔，在画纸上挥毫泼墨，以手腕的灵活运转来控制下笔的轻重。一个书法家转动他的手臂和手指时，更像一位灵动起舞、衣袂翩翩的芭蕾演员，而非一个静默沉思的艺术家。

看中国画，让我常常忍不住猜想：也许画家手中的笔就像是一棵树，正被无数的幽灵注视着，忽而一阵风起，树上飘扬着飞絮，每一丝飞絮都撒下了一颗足以成树的种子；也许因为他的长久虔诚，急管繁弦化作了雅韵袅袅，而白茫茫、虚飘飘的云朵凝固成一座座坚忍不拔的石墙。观赏一位中国画家作画的经历让我终身难忘。西方的画以油画作为主导，这是一种艺术技艺，需要数周甚至数月的不间断的刻苦练习，然后去完成一幅作品。与之相比，中国画不仅速度更快，而且需要更快的效率和更高超的技巧去创造出一幅鬼斧神工的作品。一旦艺术家开始创作，时间仿佛与其背道而驰——我们能够吗？像画家一样洞彻生命并且持久

左图：
这两只鸟可以作为画的中心主题

71

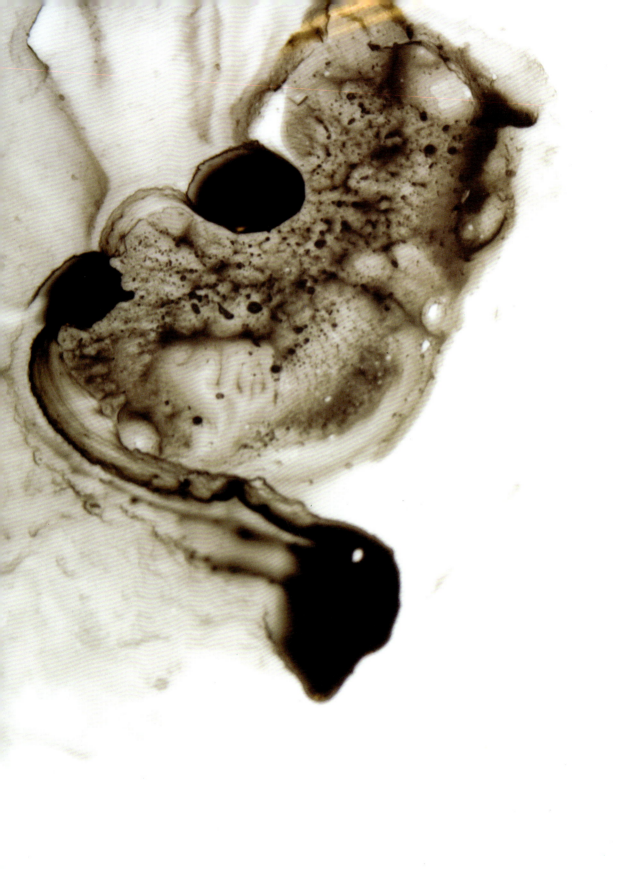

地爱着？而当人间的生老病死在我们眼前栩栩如生地排演，当人类的悲喜剧在我们自身一次次演出，我们纵有千般感悟，却无法用自己最丰美的母语来诉说。那时，墨水自会渗透画纸，抑或墨水太多会失去所有的形状，随心所欲，成为一个实心黑点。中国文人一旦开始做画，就一直保持着站立姿势，仿佛虔诚祈祷，等待着灵感的到来。当春水涟漪又万缘俱寂之时，是不是正宜寄托着画家对人生和世界的理解？

想来，画家是需要寂寞的滋润的，而画家的寂寞是他给他的人生刻意安排的，如同粉墙黛瓦般崇尚本色，中国画也可以被看做是一种赏画者和作画者思想上的交流。通过笔下不同形象的选择，寄托了画家的不同情感。竹子、鹤或是莲花的茎在传统文化中都有其独特的内涵。动物形象反映出人的性格。风景传达出人在社会中的作用和对某些超我思想的尊崇。中国画传递着寓言式的信息。他们这样朴实，这样不动声色坚持着自己的审美观念，甚至愿意像弹奏一首毫无特色的弦乐曲，缓慢地、不停顿地演奏下去。

这一点，集中体现在众多画家（比如，"清溪八友"）集体去创造一幅作品。无需事先的讨论，艺术家们将各自的观点融合到一幅画中。一块简单的岩石就成为画的底座。竹叶和花蕾分别作为前景和背景。两只鸟儿栖息在岩石上，观察着周围的生命。一群蜜蜂在花丛中蹁跹飞舞，将画面间离。画中的每个形象都出自不同的画家之手，迅速填满了空白处。他们用寂寞的方式，做这样辛苦的工作，他们不怕辛苦。他们冷静、用功，还有，心情如此怀旧，且越发清淡得到家。

我总觉得，画家们应该住在一间幽暗的古旧书屋里，不要把窗户打开，否则街上的喧嚣会飘进来。书法和绘画是中国最具代表的艺术形式，得到广泛传播。在最简短的时间内，院中树上秋天的枫叶以白色的墙为背景，成为画家手中的美丽画卷。理解中国文化的关键在于花时间去细细领悟和品味这两种艺术。漫步秦淮河畔为参透中国文化开启了方便之门，因为你可以直接与那些创造作品的学者和大师们进行交流。他们证明了，这一切并非不可能，我们可以越过世界去面对一种更高贵的存在。立地成佛，是神仙了。

丝绸之路，成为连接中西方贸易、文化和工艺的通道。中国的丝绸以其独特的风格成为这三方面的缩影。编织文化和丝绸编织渗透到所有伟大的文明中，变成继产业之后人们的新追求。丝绸，作为一种奢侈品和高雅艺术的象征，成了中西贸易的推动力。创造丝绸的技术得到了高度重视，因为泄露丝织工艺的秘密会遭到严重的惩罚。南京的云锦，就是丝绸先进制造工艺的杰出代表，这中国古代文明中最耀眼的明珠之一，已经成为文化交流中的新"丝路花雨"。

云锦

丝绸之路，成为连接中西方贸易、文化和工艺的通道。中国的丝绸以其独特的风格成为这三方面的缩影。编织文化和丝绸编织渗透到所有伟大的文明中，变成继产业之后人们的新追求。丝绸，作为一种奢侈品和高雅艺术的象征，成了中西贸易的推动力。创造丝绸的技术得到了高度重视，因为泄露丝织工艺的秘密会遭到严重的惩罚。南京的云锦，就是丝绸先进制造工艺的杰出代表，这中国古代文明中最耀眼的明珠之一，已经成为文化交流中的新"丝路花雨"。

丝绸之路的开辟可以追溯到罗马甚至是希腊时期，一些早期的丝绸代表作品在埃及的古墓里被发现。关于凯撒大帝和亚历山大大帝如何拥有丝织睡袍的故事和传说，为丝绸增添了神秘的色彩和神奇魅力。当数之不尽的产品沿着贸易路线传输之时，丝绸成为古中国最珍贵且备受欢迎的物品。据一些史料记载，丝绸制品起源于中国，大约在四五千年前。

丝的吐纳升华为一门艺术，且不断得到衍变，凝练成为一种艺术形式。蚕的喂养和照料看似简单，因为只需要一个月的时间蚕会变茧，形成珍贵的蚕丝。而后关键就是取出蚕茧，拆开千米长的蚕丝卷成简单可用的线。生产一千克的蚕丝需要将近5500个蚕茧。这个过程而后在中国发展成为一门产业，囊括了所有的制造工艺，包括养蚕、治丝、编织、染色和设计。

江南的水造就了江南人灵巧的手和聪慧的心，于是，从织机流淌出来的不仅仅是一件件华丽的织品，更是一幅幅浸透着江南风韵的美丽画卷。约一千年前的南宋时期，南京云锦工艺一度盛行，在明朝时期达到顶峰，那时都城迁到了南京。无数的织机日以继夜地生产出用作服饰的云锦，供帝王和大臣们享用。

15世纪20年代，都城迁出了南京，皇室们的服饰所用的云锦仍旧在南京制造，同时一些达官贵人对于云锦的需求也在与日俱增。19世纪以后始有商品生产并大量出口，和其他丝绸产品相比，更受欢迎。工匠们创造出种类繁多的云锦，不断推动技术进步，充分展现了南京云锦的特色。也许，我们可以不把织工看作一种职业，而是看作一种生活方式，那么，他们真是享受着前世今生最幸福的生活了。

随着历史的进步和君王地位的衰落，近代历史见证了云锦发展的举步维艰。巨大的织机曾经受到战争和贫困的冲击，在危机中云锦几乎丧失了生存力。如今，南京云锦发展前景看好，市场繁荣，质量不断提升，复兴丝绸文化的步子更快，工匠们也被要求去延续传统工艺，这种独特的技艺成了世界的非物质文化遗产，南京云锦的文化价值和国际影响力得到进一步增强。

云锦和标准原料生产的差异在于它是一种机织锦缎，由多重精美的丝线制成，可以织出多种图案和形象。织机技术具有千百年历史，无法用现在的机器代替。设计图案和绘制丝线设计图的过程很长，需要全身心地投入。一部织机每天只能织出大约5厘米的云锦。最后产出色彩丰富，美观大方的图案，南京的丝绸也因此冠以独有的"云锦"称号。千丝万缕塑造这样的灿烂辉煌，因为在它的发展过程中从来不墨守成规，从来不固步自封。

明末文人吴梅村，在《望江南》词中赞美道："江南好，机杼夺天工。孔雀妆花云锦烂，冰蚕吐凤雾绡空，新样小团龙。"图案和形象首先是由艺术家绘制点缀。一幅已经完成的云锦平均是70厘米宽，大约3米长，或者根据其用途延长。所有的服饰，都有单独的工艺设计，何时丝线被剪断，以及组成什么样的图案和花纹，这些在开始时就是设计好的。定稿后，由一些学徒工匠将图案一张张画到模板上，然后就可以开始打结和连线。

在这里，古老的精湛工艺胜过了现代机器。每根线都连接着一股相应的棉线，大约有几百道，绕着木制框架的织机，织机操作者通过踩动脚下木块，以及猛拉手中的丝线开始编织。实质上，整个云锦就是一厘米一厘米织造出来的。看织工坐在织机前，一如坐在盈盈水边，历史的画卷荡漾起它流光溢彩的波纹，我们凝视着它，"逝者如斯夫"的吟咏便脱口而出。

织机好比一头怪兽，一辆巨大的移动卡车也难以容下，需要两个工人一上一下地操作。离地面几乎有两米高，坐在上面的织工周围被棉线环绕着，他的工作是按花本要求提起经线；下面的织工根据模板设计出的颜色和设计图案抛梭织纬。南京云锦的传统工艺能够完整地流传至今，非现代机器所能替代，成为中华民族传统遗产中的"活化石"。

目前，"库缎"、"织金"、"织锦"三类云锦已可用现代机器织造。惟有"妆花"这种云锦织造技术最为复杂，成就最为杰出的提花丝织品种仍需用传统的手工织造。仔细观看的话，会发现编织过程看起来十分艰辛。一手宽的云锦由数百股难以分辨的丝线组成，横竖交杂。发出的声音很刺耳，你看到的就是一条条不同的颜色组成的图像。一条接着一条，织工能手们创造出完美无瑕、错综复杂的图案，仅仅凭借几厘米已经成形的图案作为参照。

正因为如此，熟知南京云锦的曹雪芹用他的如椽大笔，细致而深刻地描绘出了的红楼人物穿用的服饰。这种传统的方法不仅创造出精美的云锦，也使得技术更为娴熟的织工凭想像绘制了丰富多彩的图案。很多繁复的图案根据材料变化彼此各不相同。这种精巧的手和织机并用的编织方法保证了云锦的质量，涌现出了大量精美的作品，云锦看上去十分厚重，实际上比纱布织物还轻。这些杰作的诞生使得南京云锦广受好评，成为政府、单位和个人馈赠国外友人的理想工艺品。

可以这么说，纺织品中最高档的是丝绸，丝绸中最高级的是织锦，织锦中最高贵的是云锦，而南京云锦中最杰出的代表就是妆花，它达到了中国丝织工艺的最高境界。丝绸一开始是供君王享用，君王所选择的鲜有的图案便成为当时文化的代表。那些图案有龙和凤凰，供给上层人士使用，象征着权力、幸福、长寿和富贵。这些图案也包含特定的主题，就像一幅画，将织造工艺囊括在丝绸画卷

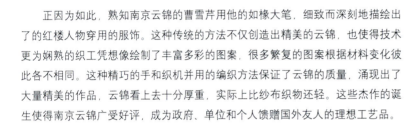

中。各种主题层出不穷，根据人的身份和穿着服饰的不同场合而定，巧妙地组合出令人愉悦的形态和风貌。

技艺娴熟的织工能够创造出像文人的书画工具，如纸和笔所能绘出的那样的图案。反复出现的凤凰飞翔、芬芳的莲花池的图案，蕴含着好运的意思。有些图案象征着长寿，蝙蝠象征着多福，云朵又象征着其他特定的含义。这些王室的象征和各种民间传统图案的搜集使得南京云锦更加打动人心。江南风景好，秋水共长天一色，看见这样的衣服，真以为是天上飘过的云彩落在水里的倒影。

南京云锦历史的源远流长，工艺的高超绝伦，艺术的华美富丽，世所公认。正因为如此，南京云锦被誉为"中华瑰宝"和"中华一绝"，这确实是当之无愧的。如今去看那些古代服饰，纹路依旧清晰，颜色仍然明亮，充满活力。现代织物的创造仍然透露出古代帝王时期的尊荣和富贵。最具代表性的旗袍和唐装，正是凭借其云锦质地才更具魅力。如果你想体验奢华，不妨试一下六朝繁胜地出产的云锦。

这种犹如迷宫的丝线和棉线被不断拉动和滑动，创造出南京云锦

图的左下角即为穿经引纬的梭

一提到中国，人们总会想到美食。中国有太多诱人的美食，即使穷其一生时间也难以尝尽。幸运的是每个城市都有其独特的著名传统美食，可以在居民家中或者餐馆中品尝到。南京有两大杰出美食，一个是举世闻名、备受欢迎的盐水鸭，另一个则是有"秦淮八绝"之美誉的小吃。

地方风味

一提到中国，人们总会想到美食。中国有太多诱人的美食，即使穷其一生时间也难以尝尽。幸运的是每个城市都有其独特的著名传统美食，可以在居民家中或者餐馆中品尝到。南京有两大杰出美食，一个是举世闻名、备受欢迎的盐水鸭，另一个则是有"秦淮八绝"之美誉的小吃。

盐水鸭

南京位于秦淮河和长江的交汇处，南京的鸭子全国闻名，到南京是不能不吃盐水鸭的。南京人嗜鸭之深，乃至有人说南京人前辈子都跟鸭子有仇。不管这个传言有没有根据，但是南京被称为"鸭都"却是实打实的名头。作为古代为帝王准备的一道菜肴，可以视为南京的贡品，其历史可以追溯到1400年前。在南京可以看到不同种类的以鸭子为原料的菜肴，包括香浓鲜美的老鸭汤，和北京烤鸭相似的金陵烤鸭、红烧鸭，无骨的鸭子又称珍珠鸭，还有鸭胗、鸭血汤和美味的鸭油烧饼。最著名的是盐水鸭，几乎悬挂在秦淮河畔的每个商店里。

糯米糕带有甜甜桂花香和水果风味

在竹筒里蒸煮的香蕉和米是一种味道独特的甜点

左图：
臭豆腐是南京名小吃中的一种

盐水鸭并非字面上理解的咸的鸭子，而是一种盐水制成并以芳香的桂花做辅料的鸭子，常带有一种甜甜的桂花香。盐水鸭全年都可以看到，但是盛产于秋季，此时正值芳香扑鼻的桂花竞相绽放，其浓郁的香气和香橙的味道很相似，但是清淡不刺鼻。桂花也被广泛应用到中国其他一些美食和中国茶中，这种常绿植物在南京随处可见。《白门食谱》记载："金陵八月时期杭州特色小吃，盐水鸭最著名，人人以为肉内有桂花香也。"

煮全鸭需要特别的准备，要将其放在盐水里煮，加入精选的调味品，包括川椒、茴香、肉桂，或许还有樱桃。鸭的口感则取决于不同大厨的烹制秘诀。南京盐水鸭皮白肉嫩、肥而不腻、鲜香美味，具有香、酥、嫩的特点。南京的烹调工艺创造出一种美味的鸭肉，其光滑的表层饱含肉和油脂，毋庸置疑是鸭肉的最好的部分，口感酥软，其品尝过程就是一种享受。

逢年过节或平日家中来客，上街去斩一碗盐水鸭，似乎已成了南京世俗的礼节。盐水鸭的包装在南京人眼里都很特别——将鸭子放在真空密封包装的彩色袋子里，在旅游景点随处可见，在离开南京的飞机上也都可以看到。当你第一眼看到某人提着一大包鸭子时，会笑出声来，而当你品尝过之后，也会不由自主地将鸭子塞满自己的旅行箱。也正是吃鸭吃得太多，南京人还变废为宝地将鸭头做成一道美味小吃。鸭头无论是红烧还是酱泡，或是盐水烹煮，都是吊人口水的人间美味。可见，盐水鸭是南京不可替代的城市财产。

地方小吃和著名的"秦淮八绝"

当你漫步于夫子庙周围，不难想像当时的学者云集于此，在深夜出外饮酒和品尝小吃的情景。毫无疑问，无论走到哪里，街边小吃都是最不可抗拒的诱惑。夫子庙这座大学城坐落在秦淮区，自然而然诞生了一系列的精美小吃，这可以追溯到旧时科举考试时期。当代学生及游客能够身临其境，重温当时士子们品尝着小吃，度过日日夜夜、寒冷漫长的寂寞生活，笔下各种灵思妙想竞相迸发。

很多人喜欢吃臭豆腐时加上一些辣的调味品

在南京小摊上都可以看到油炸臭豆腐

鸭子是南京最受人们喜爱的一种美食，也是餐桌上的主打食品

沿着河边漫步，忍不住去尝一下所有的小吃，烧卖、水晶包很快就填饱了肚子。当你看到小巧精致的牛肉锅贴（又称油煎牛肉饺子）时，又不想错过。

事实上，著名的"秦淮八绝"由16种小吃构成：八种汤类和八种干点。无需讲究搭配，直接饮一碗热气腾腾的汤或是尝上几口小吃。在秦淮河岸边的各大餐馆和街边都可以看到这全部的八道小吃，看上去像点心，因为会有各种小碟子围绕着你。毫无疑问，饮茶在品尝小吃时也必不可少。进餐时，品味南京著名的雨花茶也是一大乐事。

最好的组合就是雨花茶配上茶叶蛋和一把美味可口的茴香豆。茶叶蛋在中国很流行，也最便于携带。新鲜的鸡蛋加入调味料炖煮入味，煮熟的鸡蛋带着芳香的调味料可以保持一整天。和五香蛋一样，茴香豆入口喷香，咸甜软嫩，细细品尝，趣味横生，由于烹制入味，一般色泽呈紫檀色，入口富有弹性，香气浓郁。茴香豆美其名曰状元豆，或是头名才子豆。状元豆是南京夫子庙的特色小吃之一。相传清朝乾隆年间，居住在城南金沙井旁小巷内的寒士秦大士，因家境贫寒，每天读书到深夜，其母就用蚕豆加上红曲米、红枣煮好，用小碗把豆子装好，上面加一颗红枣给他吃，并勉励他好好读书，将来好中状元。后来，秦大士中了状元，此事传开，状元豆便出了名。茴香豆在才子科举考试时期流行起来，一些小贩就利用学子的这种心理，在夫子庙贡院附近卖起了状元豆，讨口彩说"吃了状元豆，好中状元郎"。茴香豆旧时只在庆贺宴会上享用，官员为高中的才子举办的贺宴中都会有一盘。

另外一样更是颇具南京特色，凡是到过南京的人都品尝过。当你还没有觉得饿的时候，第一眼看到的，就是街头最为流行的小碟装的气味诱人的臭豆腐干。传说这种将豆腐发酵，然后经过油炸的小吃是由一个年轻的少妇发明的。她骄傲自大的婆婆很难伺候。而在她的那些客人眼里，她做的小吃没有一样是称心如意的。于是，她将盘里一块新鲜的豆腐放在房外，一夜之后，她发现豆腐的气味产生了变化，因不想惹怒婆婆，她将发酵的豆腐做成腐乳，惊奇的是，味道竟十分鲜美！这吊人口水的人间美味就此诞生了。如今，刺鼻的一口大小的臭豆腐干在

南京随处可见，成为当地最具特色的小吃。而"臭"的含义也更像是法国乳酪的
芳香。不过，吃臭豆腐干前还是需要几分钟去习惯它的味道。实际上，臭豆腐味
很美，而蘸点辣酱的时候味道更佳。它是最为物美价廉的地方小吃。

南京人吃甜食讲究甜而不腻，糯而不粘，方称为甜品之上乘。此外，光
口味好还不行，造型色泽还要出众。视觉上最诱人的要数雨花石汤配的雨花汤
圆，其名来源于南京著名的雨花石，将它作为馈赠佳品，代表了南京的特色。
传说雨花石来自于天降的花朵，这些柔软甜美的糯米圆子的形状宛如光滑的石
英和玛瑙石。

另一道小吃也是与鸭子有关——香辣鸭血汤。它配有碎碎的鸭胗，无论是在
清凉的早晨或是寒冷的夜晚都能让你全身顿时洋溢着温暖。南京卖鸭血汤的摊子
星罗棋布。精明的摊主预先将鸭血煮熟，切成小块放在锅中，见有游客来，便捞
出鸭血装在白瓷碗里，然后浇上一勺滚烫的鲜汤，滴上数滴香油，撒上一撮虾米
或鸭肠衣等，再加上一撮香菜。爱吃辣的客人，还可以再加上些辣椒油或胡椒，
又香、又辣、又可口。在西方，一般不以血作为食物配料，而在中国，这道小吃
非常流行，让你尝过就难离口。

大家较为熟悉的是烧卖，一些肉、糯米饭掺着其他原料，用一张以面做成的
皮包裹起来。南京饮食比中国其他地区的口味要淡，小吃将油和香气完美融合，
备受好评。

在所有的美食文化中都有不同版本的鸡汤面和一道配菜，南京更具特色。麻
油汤干丝是用鸡肉汤加上切好的豆干丝儿一起煮。南京干丝有一套不同于其他城
市的独特的制作方法。那些嫩而不老、干而不碎的干丝，均为豆腐店特制而成。
将豆腐干切成细丝，配合各种汤料煮好，拌上香麻油和上乘酱油，入口清爽而回
味悠长。再搭配着鸭油烧饼，油酥面团里面夹着细细的萝卜丝，卷着芝麻。这种
充实的搭配在一天中任何时候享用都是一顿美味的膳食。

另一道中国流行的小吃就是菜包，里面的馅料可以任意选择，比如菠菜等。
在南京，蔬菜最受欢迎，然后吃上三到五个水晶包，就是最为普通的早餐和旅行
的好伴侣，挂在自行车手把上，在来来往往老老少少的人群中都可以看到。另一
道有名的豆腐小吃是回卤干。南京历史悠久，南京人也愿意把各种小吃和历史沾
上边。就拿普普通通的回卤干来说，它还和明太祖朱元璋扯上了联系。传说朱元
璋在金陵登基后，吃腻了宫中的山珍海味，一日微服出宫，在街头看到一家小吃

从上至下：
最有名的豆乳在那些诱人的餐馆和秦淮各大摊
点上随处可见

雨花石汤圆宛如小小的雨花石、甜甜的味道和
外表一样有名

鸡汤配上细细的豆腐丝，非常美味

店炸油豆腐泡，香味四溢，色泽金黄，不禁食欲大增。他取出一锭银子要店主将豆腐泡加工一碗给他享用。店主见他是个有钱的绅士，立即将豆腐泡放入鸡汤汤锅，配以少量的黄豆芽与调料同煮，煮至豆腐泡软绵入味送上，朱元璋吃后连连称赞。从此油豆腐风靡一时，流传至今。异彩纷呈的豆腐制品在南京成为主要菜肴。炸豆腐块配上精选的地方蔬菜，让豆腐汤也变成一道美味。

中国饮食的视觉效果也堪称一大财富。金黄色的牛肉锅贴（夹着牛肉馅的油煎饺子），在颜色和形状上都是仿照中国王室奢华的金元宝。这是饺子与牛肉的完美搭配，外脆里嫩、馅足汁多。咸中带甜是南京牛肉锅贴的最大特色。第一口咬大了汁会漏；咬猛了汁会喷；咬太小又不过瘾。其他使用牛肉作为原料的小吃还有牛肉粉丝汤，用柔软的碎牛肉做成。

另一道特色豆腐制品就是豆腐脑，一小碗豆腐脑就是很好的早餐。豆腐脑也叫豆腐涝、豆腐花，南京话又称"都不老"。这道小吃全国各地都有，可南京的

饺子类（从左到右）：
蒸饺在中国很有名，南京有一种类似蒸饺的"烧麦"，有很浓的鸭子味

蔬菜包

牛肉锅贴，像是金锭，是财富的象征

汤类（从左到右）：
桂花汤面真是美味

牛肉粉丝汤香浓的肉汤里夹着细细的牛肉丝

将豆腐制成回卤干是南京典型的小吃

豆腐涝和其他地方的不大一样，除了一样的色白如玉。清香爽口外，南京的豆腐涝对佐料十分讲究，辅以虾米、榨菜、木耳、葱花、辣油、香油等十余种佐料，不光是颜色漂亮，口味更是醇、浓、香、鲜，咸淡适宜，辛辣适中，有滋有味。还有一样不用搭配吃的就是能够单独享用的小巧的梅花蒸糕，这是一种本地的糕点美食，香浓的米糕上配有一些干果。对于西方的茶爱好者而言，这更像是烤饼或脆饼，再加上一杯热茶就是完美搭配。南京人吃小吃还好个"说法"，这一点在豆腐涝这个朴实的小吃上也得到了验证。据说，豆腐涝这玩艺，年轻人吃了健脑补脑，老年人吃了延年益寿，为了讨口彩，店家还在里面加入什锦菜，什么意思呐？前程似锦。

我所喜爱的，还有糯米莲藕。莲藕也象征着秦淮河和南京人。莲藕有很多孔，可以吸上面的糖浆，散发出甜甜的桂花香，这更像是一道甜点，而不是副食，冷热食皆可。此外，沿着街边还可以看到美味可口的桂花糖芋苗，就是很浓的粥，由芋头、藕粉和桂花熬煮而成。口感香滑，不容错过。

真的很难说出最喜欢哪一样南京小吃，而品尝才是最有意思的。夫子庙一带的餐馆长期提供这些小吃。许多人特意去游览夫子庙，就是为了一饱口福。在吃过那些含糖的山楂、浆果、坚果和其他一些现代小吃后，你一定要去南京品尝一下其特有的小吃，这就是著名的"秦淮八绝"。

琴，领衔于四艺之首。琴长三尺六寸五分——弹指古琴间，从这头到那头、历史和文化这样的一次穿越，要365天。娴熟的的古琴演奏技艺是中国才子追求的最高境界。直到今天，对于古琴的掌握水平可以将音乐家们分为两类，智者和平庸之人。即使古琴圣人孔子对于尝试弹奏低沉的、哀婉的曲调也望而生畏。

音乐

　　琴，领衔于四艺之首。琴长三尺六寸五分——弹指古琴间，从这头到那头，历史和文化这样的一次穿越，要365天。中国的古琴被尊为才子追求的最高境界。直到今天，对于古琴的掌握水平可以将音乐家们分为两类，智者和平庸之人。即使古琴圣人孔子对于尝试弹奏低沉的、哀婉的曲调也望而生畏。然而，古琴的悠久历史和其他乐器、歌曲的完美融合使古琴从其他众多中国古典的管弦乐器中脱颖而出。进了这个殿堂，细听细看，你会发现古琴后面是墨香四溢的线装书，或者是年久日深的青花瓷，或者是长亭外古道边，在粼粼波光之中飘入云深不知处。水袖袅袅，丹青绰绰，古意苍苍，那些中华的抒情年代啊。在古琴的记忆中，竹马青梅，曲水流觞。我们分明可以看见走在前头先人的身影，感受到他们灵感的风华。

优雅的女子，入耳入心的月琴声

右图：
拨动琴弦，耳边传来低沉而轻快的琴音

　　对于很多熟悉中国音乐的人而言，最受欢迎，或是最容易识别的乐器是二胡。它由两根琴弦组成，被视为是中国的小提琴，会创造出一种备受中国人欢迎的熟悉的声音，然而对于西方人而言，需要更多的努力去体会曲中含义。相反，古琴的声音更似贝斯和大提琴。但其手指的弹奏技巧更似去演奏吉他的音符。古琴的声音更受传统音乐迷和重金属摇滚者的喜爱。

　　演奏乐曲需要个人修养和技巧的协调，要达到在动作和心灵上的和谐一致。漫长岁月里，先贤的人格魅力浸漫在中国书生的心灵深处，源远流长。这种没有限定音的乐器需要更高的技艺和对音调的理解，给予弹奏者更多的即兴发挥空

间，但是要弹奏一些特定的音符，需要具有高于一般的演奏者的技艺。古琴的构造起源于中国的历法和习俗，而13个刻度代表阴历月。原来二胡只有五根弦，后来第六和第七根弦是被古代中国的帝王加上去以表哀悼或战时鼓舞士气。和遗落在今世的咿咿呀呀抑扬婉转的昆曲一样，古琴寄托了太多前世情感的风花雪月——古音像回环往复飞翔于天空的鸟，起起落落。

抚琴人坐在琴前，一如坐在高山流水边，琴声不会老去。崇山峻岭、茂林修竹，自然和人情和谐搭配。真不知是抚琴人的风情感染了山水，还是山水的灵性使得琴韵无比生动？历代学者都深刻感受到古琴大师应该具有孔子的出世和老子入世的人生态度。孔圣人弹奏古琴，文人认为其曲调是超凡脱俗的。在私人聚会时，演奏委婉的曲调被认为是一种个人的生活态度的表达。拥有古琴也被作为是一个人技艺的象征。很多文学作品表现出对古琴的尊重，它绝非一般人所能掌握的，这就使得演奏古琴的人仅限于文人，而非下层阶层，如古代商人。绝代风华随大江东去。惊心的绝响烟消云散后，嵇康留下了千古之谜，也留下来了熠熠生辉的超凡脱俗——《广陵散》的气息和韵味还在，沉淀还在。曾经的春风秋云，阅尽的人间沧桑，千年的旧情，点点滴滴，沿着岁月流淌在古琴间，流动着华夏精神的一泓清泉。

而所谓的对于古琴演奏者的限制没有成为一种强制性的规定，反倒使古琴演奏更加流行。许多古代小说和戏剧，如《红楼梦》、《玉簪记》和《西厢记》，都能够让人感受到古琴独有的特点。扣人心弦的乐声广为流传，许多有名的艺人也在家中为客人弹奏古琴。弹古琴是徐徐地、慢慢地"递"出去——思着念着，青山绿水，与音乐做伴

靖远是位有天分的年轻古琴演奏家，她那悠扬哀婉的琴声能够深深打动你的心

手指自然就缓慢，这是时间与人生的缓慢。心之深处感动而传达出细微颤动，身体和心灵在刹那间领悟到永恒。

驿路上的别酒醉人，琴声不堪多听，这辞别故人的《阳关三叠》，不用饮酒，闻者也泪流满面。任何欣赏古琴表演的人都会被其动人的曲调和艺术家们优雅的表演所折服。吉他演奏者透露出的是男性气概和感染力，然而古琴演奏者，通常是女性，可以使得观众狂喜。爱情歌曲中低沉震颤的音调，抑或是特定时候的停顿更加引人入胜，随着艺术家们一直在乐器前微微地前后摇摆，确实撼人心旌。若是没有蔡文姬的《胡笳十八拍》，忧愁剪不断理还乱，心思难与人言的婉约派女词人，黄昏时又如何敌他晚来风急？

在南京，有一位20岁的年轻娇小的古琴演奏者靖远，你可以从她那儿听到低沉的、充满忧郁的古琴音韵。她的演奏室坐落在秦淮名妓李香君的故居，她在那里培训古琴学习者。在这个古老的环境里，俯瞰着古老的秦淮河，更是增添了演奏的乐趣。她演奏出如此多的悲伤的歌曲，很难想象，仅仅20岁，如琴一般高的靖远，就饱受到休戚的折磨。有人说，演奏古琴不是一种职业，而应当看作是一种梦想，也许是一种生活方式。弹琴的男人当是清雅静朗，拨弦的女子当是纤手锦心，如同《笑傲江湖》那般琴心剑胆，俊采风流。"

古琴在精神上的意义，是那样的丰富，挂在墙壁上，便蓬筚生辉，不再是一件摆设，而是一种风情，一个不可替代的文化象征。凝视着它，一泓秋水就从身边流过了。靖远八岁就开始弹琴，那时就被传统音乐深深吸引了。当她谈到那时每天弹奏12小时的生活，不禁笑了起来。她对弹奏现代音乐不感兴趣，而经常演奏那些孤独凄凉表达秦淮佳人对于自由的向往的曲子。她动人的微笑甜美，当她演奏时，会完全沉浸在乐曲的感情里，仿佛回到了古代。落在内心深处的古典情怀和东方情调挥之不去，清幽之气不绝如缕。

一架唐朝或是宋朝的古琴，便是印领人们步入那个朝代的长廊，仿佛是昨日的秉烛氤氲，透过珠帘熏香证明子期和伯牙真的曾经遇见。来自古琴的低沉微妙的音调不禁使我联想到密西西比河的蓝调音乐，诉说着爱的丧失、心碎和生活的艰辛。那轻快的节拍，以及震撼的摇滚风格演奏出的低沉忧郁的音乐，就像秦淮河畔的古典音乐。古琴演奏者描绘出秦淮的美丽、忧伤和变化莫测的高雅或平庸的生活，不禁使人想起苏轼的著名《琴诗》："若言琴上有琴声，放在匣中何不鸣？若言声在指头上，何不于君指上听？"

绝响不在，昔日却可以重来。

秦淮河边古时秘密的水路通道和花园现在都对夜间游览者开放。古时文人在花朵和树丛中冥思苦想，琢磨孔子的思想，追随着古人的脚步。徜徉于秦淮河畔，看沉静的河水在粉墙黛瓦间静静流淌；置身贡院，似有万千学子朗朗书声在幽深街巷中发出历史的回响。现在白鹭洲公园每晚都有水上表演，展现秦淮河畔表演者的技艺和创造力。当代的表演者、特技演员和歌唱者为秦淮地区物质和非物质文化遗产增添了新的活力。

水上表演

秦淮河边古时秘密的水路通道和花园现在都对夜间游览者开放。古时文人在花朵和树丛中冥思苦想，琢磨孔子的思想，追随着古人的脚步。徜徉于秦淮河畔，看沉静的河水在粉墙黛瓦间静静流淌；置身贡院，似有万千学子朗朗书声在幽深街巷中发出历史的回响。现在白鹭洲公园每晚都有水上表演，展现秦淮河畔表演者的技艺和创造力。当代的表演者、特技演员和歌唱者为秦淮地区物质和非物质文化遗产增添了新的活力。

这位空中女子的美貌和高雅气质艳惊四座

左图：
缓缓现身于河上飘动的莲花上的年轻女子

那些环绕着舞蹈者飘动的丝绸和她们身后流淌的秦淮河水相得益彰，与台上彩灯交相辉映。舞者和歌手从台前飘过的巨大莲花中缓缓现身，伴随着委婉的古筝和琵琶弹奏出的乐曲，舞台上演出着一幕幕爱恨情仇、悲欢离合的故事。丰厚的精神遗产滋养着一代一代的南京人。当过去的文人到此挥毫泼墨，竭力地描述着自然和人的感情的相互作用时，他们不知道今天会以这样的一种形式反映出来。我们看到的是文化生命的拓片，是南京阅历深厚历久弥新的岁月章回。

有一半舞台漂浮在水中央，表演全面利用了水上区域。表演者和歌唱者载舟在水上漂浮，杂技演员在不同平台间跳跃，扮演着民俗传说里的文人和乐师形象。一组以莲花和鱼形象出现的丝绸灯在观众眼前来回飘动。最后一幕，是一位女演员悬挂在水上的高空，撒着花瓣，向观众飘去。整个过程生动地展现了秦淮河上动人的生活情景。千年以前的秦淮河什么样子，我们不能知道，我们只能知道，崔颢、李白写唐诗的千年以前，我们城市的先人们，曾经在这里悠闲地生活。我们只知道，当他们和这一片山水相遇的时候，遭遇了一次次让我们世代传诵的爱情。

幕后的一些老演员、退休的人和来回走动的演员奔走忙碌着去换服装，上演不同的节目。对于年轻的演员而言，这提供了一个从国内各种等级的剧团中脱颖而出的机会。一些人训练的是现代舞，以及杂技和武术。一个年轻的舞者喜欢明朝风格的舞蹈，希望更多地学习这种艺术形式。所有的人都全心投入，去寻找个性和灵感的融合。一个个历史年号，留下了时间的驿站，也留下了文化的阳关。尽管唐宋告别了六朝，尽管民国告别了明清，但那历史的沉淀还在，历史沉淀的光芒还在，尘封的记忆，穿越了无数次寒来暑往，连接着古代与今天。

老演员平静地饮着茶，等待着上场演出。对于退休的人而言，这也提供了一个散心和享受音乐的机会。老婆婆的丈夫很喜欢看她演出，甚至是她的孩子都觉得演出很有趣，很喜欢观看。一些经验丰富的演员度过了30年演出生涯，这使他们依旧保持活力。那些文人和帝王的古代角色给这些演员提供了机会，去展现他们对于辉煌过去的自豪，弘扬秦淮文化。

历史沧桑的千变万化，民族历史的反思，都在金陵这座城市巨大的历史背景下触发。民间戏曲和宗教舞蹈在秦淮已拥有上千年或更长的历史，这些表演正是古代传统的延续。江南秀丽与北方的粗犷大气相结合，孕育了南京文化特有的多元包容、兼收并蓄的气质，从容而恰到好处。作为一个拥有丰富文化的地区，秦淮不仅为艺术提供了展现的舞台，也彰显出其特有的魅力。

长的睫毛和浓妆使得所有观众得以目睹她的美貌

一位老演员在化妆，作为晚上扮演的老者角色

她在表演前整理发型，戴上饰物

夜晚演出总是需要缝补一些服装

右图：
优美的舞姿再现了当年"秦淮八艳"的风采

远离了凡尘的烟火，不骄不躁，昆曲走过了无数个三百六十五里路。最近昆曲已被纳为联合国非物质文化遗产。昆曲原是一种江苏的地方曲艺形式，它的历史可以追溯到600年前，被认为是中国其他戏曲的源头。昆曲原来是一种民间艺术，受到大众欢迎。而后，发展成为一门高雅艺术，受到文人和地方官员青睐。人们被剧中的故事和表演所吸引，昆曲成为皇室娱乐的典范。现在，我为昆曲悠闲自得的艺术方式而迷恋，或者说折服，或者说是莫名的敬畏。

昆曲

　　远离了凡尘的烟火，不骄不躁，昆曲走过了无数个三百六十五里路。最近昆曲已被纳为联合国非物质文化遗产。昆曲原是一种江苏的地方曲艺形式，它的历史可以追溯到600年前，被认为是中国其他戏曲的源头。昆曲原来是一种民间艺术，受到大众欢迎。而后，发展成为一门高雅艺术，受到文人和地方官员青睐。人们被剧中的故事和表演所吸引，昆曲成为皇室娱乐的典范。现在，我为昆曲悠闲自得的艺术方式而迷恋，或者说折服，或者说是莫名的敬畏。

年轻少女在王冰身旁亭亭亭玉立

右图：
王冰扮演《玉簪记》里的一位年轻才子

云遮雾罩的桃花源，是一个地方，但更像是人生想要达到的一种境界。因此从深层意蕴看，这行为，又是哲人的游历。昆曲表演建立在复杂的手势和舞蹈动作的基础上，遵照有节奏的话语模式和敲击，对后来的京剧有深刻影响。一些表演只使用杂技，而最基本的一幕包含四五个特定的角色。台上那个年轻的男主角作为文人阶层的代表与女主角相互交流配合，而在早期的舞台表演中，女子是由男子扮演的。其他角色包括神、将军和小丑，可以由他们脸上的化妆来分辨，显而易见，他们和其他演员的舞台扮相是不一样的。最后一个角色是位老者形象。

当江南三月莺飞草长，那些美好的花儿在我们眼前绽开，如果感情真那么多，那么容易流露出来，这世界一定单纯得多了。昆曲可以在任何地方表演，从广阔的室外到狭窄的街道。表演可以从几小时延续到甚至是几天。昆曲开始渗透到士大夫阶层和皇室贵族。因为对于演出的需求更加强烈，昆曲的表演地点转移到高级官员的家中。昆曲团和协会也因此而诞生，用表演推动昆曲的发展，同时传播艺术的观念。

昆曲不曾被称为哲学，昆曲家也不曾被命名为哲学家——但在我的眼里，昆曲比哲学更哲学，昆曲家比哲学家更哲学。昆曲发展于明代，现存的表演折射出当时社会中人们的思想观念。昆曲就是当时社会的缩影，讨论和评价当时的政

丑角钱伟正扮王冰提建议

钱伟展现的诙谐轻松的喜剧效果体现了昆曲的特征之一

治、思想文化、民间传说和权利斗争。其中，最著名的曲目当数《桃花扇》，讨论了爱情和牺牲，讨论了才子的生活和对立的政治集团内部的阴谋。

正是这篇名著使得昆曲的发展举步维艰，从此昆曲成为了知识分子的工具，将表演限定到精英阶层。许多昆曲都被限制，而只能秘密进行。它也受到来自各省参加考试的才子的影响。在茶馆和艺人的寝室里，各种思想竞相迸发。一些晦涩的概念带有讽刺的色彩，冠以孔子思想的头衔，不仅证明了一个人的技巧，也向上级官员展现了自身才华。那时的生活从昆曲中可见一斑。

其中的一幕"茶叙"出自一位有名的戏剧作家高濂的《玉簪记》，讨论了古代父母包办婚姻以及一对爱人内心的真实想法。此外，有一出取材于《水浒传》的、诙谐有趣的昆曲《借茶》，讲述的是一位老者追求一位年轻的女伴。才子和女子的往复交流迎合了大部分观众。如果观看者能将其与现实生活相联系，就更亲和，更贴近人心。如今看昆曲，很多主题还是真实的，尽管有语言障碍，或是对文化语境不能完全理解，一些感情和忧愁在不同文化间是共通的。看昆曲，也许不可太动感情，动了太多感情就不该看昆曲。我也想，天下好艺术都要有构思，可是有了构思，难免都有点刻意，甚至有点假。可昆曲一不小心，竟让我们都不能抗拒地弄假成真了。

从左到右：
丑角凭借其出色的表演误乐了观众

这位丑角在昆曲中饰一位调皮的文人

演员表演中的讽喻恰到好处

尽管昆曲有很长的历史，也有大量作品诞生，但是昆曲在近代几乎消失了。如今只有很少的一些剧目和表演，因不断训练核心演员才得以流传。南京成了昆曲的家乡，江苏省昆剧团也竭力去保护这种艺术传统，同时也千方百计培养新的昆曲爱好者。其实，听懂听不懂又有什么关系呢？正是说也说不清、听也听不清的企盼祝祷使我们的世界真的更美好。

一种民俗的形成，都可在很远很远的年代找到发端。南京作为六朝古都、十朝都会，地处长江之南，山环水绕，景色秀丽，四季分明，山水城林交融一体，这就促成了金陵的"衣冠文物，盛于东南；文采风流，甲于海内"。纸灯在很长时间内象征着中国文化。从元宵节到当代电影"大红灯笼高高挂"，纸灯象征着喜庆，长寿和好运。纸灯作为一门艺术，享有2000多年的历史，而秦淮河地区的纸灯文化就有1700年的历史，作为传统的南京工艺，它现在得到了很好的保护，并且被认为是秦淮一大特色。

纸灯

惊叹于艺术家们创作的精美纸灯

左图：
这个莲花灯有着完整的根部和花朵，是秦淮地区最流行的设计

一种民俗的形成，都可在很远很远的年代找到发端。南京作为六朝古都、十朝都会，地处长江之南，山环水绕，景色秀丽，四季分明，山水城林交融一体，这就促成了金陵的"衣冠文物，盛于东南；文采风流，甲于海内"。纸灯在很长时间内象征着中国文化。从元宵节到当代电影"大红灯笼高高挂"，纸灯象征着喜庆，长寿和好运。纸灯作为一门艺术，享有2000多年的历史，而秦淮河地区的纸灯文化就有1700年的历史，作为传统的南京工艺，它现在得到了很好的保护，并且被认为是秦淮一大特色。

纸灯由竹条编织而成，首先是形成一个大致框架，然后外面用纸糊好。岁月漫漫，不断地对传统民俗予以冲刷、涤荡，使得民俗不断发生深刻变革，而南京秦淮区纸灯工艺传承人顾业亮说，数百年来纸灯文化一点都没变，一直在秦淮河畔延续着。莲花、兔子、三条腿青蛙的图案仍然是最流行的设计。如今，一个最大的变化就是用塑料条代替竹条，可以让灯更结实，同时用发光二极管代替了蜡烛。

顾师傅和其他很多人都谈到，秦淮人，无论在家中、餐馆或者店铺里都挂着这样的灯。莲藕象征着纯洁，因为古语云"出淤泥而不染"。莲的茎和莲蓬象征着多产。而精美绽放的花朵则象征着美丽。秦淮河一带，物阜丰厚，文风鼎盛，多艺匠技巧，为培植莲花灯——这株华夏文明里的风雅之花，提供了温润的良田沃土。

在中国，很多的重要日子，如生日、婚礼、周年纪念，纸灯会被悬挂起来或者作为一种必不可少的装饰点缀。繁多的纸灯挂在家里象征着财富与繁荣。而后，民间艺人都被要求做更大更美的纸灯。顾业亮说，秦淮两岸的人无论贫富，都一直喜爱并制作纸灯。顾师傅还教当地的孩子如何去做纸灯，也同中国以外的一些城市开展了文化交流，去展示这简单且独一无二的中国工艺。

对于纸灯而言，最重要的要数花灯节。花灯节在新年的正月十五举行，是临近新年结束的最后一个节日。这个节是为了庆祝新年圆满，合家团圆，也是一种集体游艺，大家提着自己做的花灯在街头漫步。各式各样花灯也层出不穷，如动物、花朵，一系列传统图案和囊括了人物、建筑在内的历史画卷在纸灯上栩栩如生。灯的河流里，留给我们的是一组立体的诗画。

历史上，北方几次大动乱，有数十万人口迁徙南京，带来了中原的民俗文化；东吴及明代相继有南方及江淮之间大户落籍南京，杭嘉一带的文化与民俗又在南京生根，使南京形成"南风北俗荟萃一城"的景象，具有南秀北雄、兼容并蓄的大都市特色，质朴凝重，表现出深厚的文化内涵和秀美多姿的风格。作为文化符号意义，花灯是没有别的概念可以替代的，这文化符号，就是代表中国的，南京的。每逢重要的节日，公园、旅游景点和商业中心，都遍布大型的纸和丝绸制成的灯。做灯成了顾师傅的兴趣所在，他拥有一家大型的设计公司，负责设计和制作纸灯，而秦淮的纸灯是最好的。每年秦淮河畔五光十色、火树银花都来源于他的创造。沿着河畔漫步，我们仿佛进入了另一个世界，由纸灯点亮的世界。

兔子形状的纸灯在南京也很流行，遍布很多农村地区

巨大的凤梨设计也是很多纸灯设计中的一种

空竹

空竹侧面的通风口不仅让它转得更快，而且能发出一种奇妙的声音

当你第一个看到腾空飞起的溜溜球时，你很难想像这是干什么的。空竹传统上是由木头做成的，另有两根横杆，横杆是用绳系起来的。这项杂技要高于玩溜溜球，空竹不是通过手指紧绷细绳控制，而是在两根竹竿之间的绳索上翻转，滑动。空竹在大师手中越滑越快，宛如一个快速旋转的发射物。而中间有孔，使得空竹飞快转动，同时发出呼呼的振动声，这就是中国空竹的特色。

当溜溜球代替了空竹成为孩子们的玩具，你会看到更多的老人在公园和广场旋转着巨大的空竹。这需要很多体力、技巧和注意力，方能让空竹上下转动，这是一项不错的运动。中国的杂技团不再用他们的空竹技艺来取悦观众，空竹大师们高超的技能表演也成为一种文化交流项目。玩空竹势必受欢迎，因为这些空竹腾空后越转越高，每次脱离绳子后都能越转越高，越转越快。

空竹的技巧，对于数百年前访问中国的欧洲表演者而言很具吸引力。当它初次被引入欧洲时，就迅速成为一种固定的马戏团的演出节目。现代空竹的不同版本和原始的中国民间艺术是截然不同的。现在的空竹通常是由塑料制成的，然后两边都配有均等的钵。今天的一些空竹技艺使用更大的金属制成空竹，甚至可以产生火光去娱乐观众。

在南京，传统的空竹仍然是由竹子制成的，有错综复杂的木刻设计和绘画。每个空竹对于拥有者而言都是很特别的，体现了使用者的个性。一些空竹甚至抛弃了原有的圆形，看上去像小汽车和人物的脸。

无论你在哪儿，只要听到低沉的口哨声，或是看到小孩脸上惊喜的表情，那儿肯定就有旋转飞起的空竹。

让空竹飞快地绕身体旋转需要大量的练习

剪纸

　　窗户、家具和其他一些小礼物经常有的装饰，就是中国最古老且最受欢迎的民间艺术——剪纸。中国的每个地方都有其独特的设计图案和样式。剪纸极富东方美学神韵，是民间生活的雕塑，是深院幽庭铭刻的人性，是人生岁月镂画的梦想。剪纸曾是一门备受尊崇的技艺，很多年轻女子都希望掌握、练习这门手艺。剪纸色彩丰富，纹样精美，图案中有动物、花朵和传统故事的场景。在过节的时候，通常都能看到剪纸帖在窗户上，或是门口。

　　自从造纸术在中国诞生之后，剪纸作为一门早期的艺术形式而繁荣。因为纸在早期是一种珍贵的产品，因此剪纸通常都在皇室流行。然而，当纸变得大众化之后，剪纸对于民间艺人而言，就变成一项杰出的手艺。纸和剪纸也在宗教和庆典大事中起到重要作用，在这些场合，用纸做的金锭、钱和假人都作为祭品被烧毁。剪纸能够装饰更大更珍贵的祭品。

　　作为农耕文明遗留的脉脉温情，剪纸企图从情感的角度，校正现代文明滋生的冷漠和人间温情的缺失。特别是在南京，剪纸被通常用来装饰嫁妆和婚礼上的礼物。南京风格的剪纸利用精细的花或是开心花，这在中国是独一无二的。剪纸经常作为礼物相互交换，几乎家家户户都能看到。一些设计象征着兴旺、富饶、好运，有些设计表现着中国的星座主题。

　　欣赏剪纸，需要从容淡然的心态，需要进入质朴的角色。它的美妙不仅在图案上，更在每一个人的心中。

　　剪纸是由一到两种工具创造出来的，主要是剪刀或是小刀。使用剪刀需要更高的技艺，因为不断的翻转剪刀容易破坏一个精美的设计。然而，这并未使设计简单。用小刀刻图案能够更快地产生更多的作品，因为许多张纸可以一次刻好，同时更加精美。而两种类型的剪纸都值得一看，特别是出自大师之手的作品。

漆器

　　中国的漆器可以追溯到新石器时代，可能是中国诞生最早、制作最精美、影响最深远的现存民间技艺。涂上土生土长的漆树液，使得木质产品既防水又美观透明，颇具精美瓷器的特点。漆艺原来是应用于木材和陶器的底座，后来应用到其他一些材料，最后融入到雕刻中，镶入金和玉。中国艺术家们创造出了诸多极具魅力的雕漆作品和家具。古雅的漆器，也是一个十分独特的文化载体。中国漆器的耐人寻味与博大精深，它的美妙和对人的熏陶，实在是只能意会，难以言传。

　　中国的漆器通常都是使用深黑和红色，被用来创造任何器物，从小的珠宝到香水盒，再到更大的御座和房间内的屏风。它有着7000年的传统，每个王朝都使用这项工艺创造出令人瞠目的杰作。直到今天，中国漆器仍然被工匠们设计和挑选来展现中国文化。南京博物馆收藏有大量精美的中国漆器作品。

　　漆器，正是我们在这座历史的博古架上，置放的一批放大的古玩。

名是，號如是，小名
薲蕪，自號河東君。工
词，善書，精繪畫。詩

眼医时顶
柳如是

才子佳人烟与月

这个石刻展现了当时"秦淮八艳"之一柳如是的动人美貌

一统九州的秦皇望见金陵的王气，便有了一条秦淮河。两千多年以来，诗人墨客吟咏它的诗篇无数，即便荷马史诗也暗淡无光。还有，乾隆下江南，这般浪漫的故事，真是千秋美谈。

　　一统九州的秦皇望见金陵的王气，便有了一条秦淮河。两千多年以来，诗人墨客吟咏它的诗篇无数，即便荷马史诗也暗淡无光。还有，乾隆下江南，这般浪漫的故事，真是千秋美谈。说到中国的艺妓文化，不得不提起秦淮艺妓。古时候，君主拥有私人戏班，这些戏班成员由特训的歌姬和艺人组成。由于供养这些戏班成员需要颇高的财政支出来维持其成员的生计，因此，戏班专为达官贵人表演，而其中一些技艺精湛的艺妓，便不难脱颖而出飞上高枝。其实，在唐朝早期，不少才貌双全的艺妓都曾受到杰出之士的热烈追捧。而南京，从来都是天下书生寻求香温玉软的梦里情人之地。倜傥书生，岂可没有佳人添香？

明清时，中国文化进入了审美革命时期，文人墨客热衷于描写艺妓的传奇，各种关于艺妓的文学作品铺天盖地而来。其中代表作《桃花扇》，更是促进了昆曲的兴盛。这部剧作的诞生表明，艺妓和剧作者之间存在着微妙的关系。在青楼中，"寻找灵感"也许成了当时诸多学子涌集秦淮的一种冠冕堂皇的理由。

明朝时，许多有识之士赴京（南京）赶考，在迎考和候榜的日子里，往往与艺妓建立起亲昵的情人关系也不足为奇。在一段不长不短的岁月里，两个怀揣共同梦想的人儿，在茶室里其乐融融、雅音唱和，大到天地国家，小到浮萍兰花，均可点亮激情与欲望。而就考试本身而言，则是测验一个人是否雄辩滔滔，具有与众不同的独到思想。

《簪花仕女图》描写的是唐代贵族妇女的日常生活

艺妓几乎渗透到历史上的各种文化领域，其中不乏一些人成了她们的客人的红颜知己。文人骚客们创作诗歌，研习书法和绘画，也将这些技能传授给她们。艺妓们接受教育，不仅为了改变生活，还为了由此攀升至更高的社会等级。更有很多名妓甚而成了有名的画家、书法家和诗人，不仅确保了她们的经济来源，还获得了融入主流社会的机会。在传说中，一旦成为艺妓，就有机会变成伟大的爱国者或有识之士眼中的巾帼英雄。在经历了战火的南京，艺妓们在历史大转折的舞台上，演出了许多万古流芳的剑胆琴心大戏。

经济独立使得这些高贵的艺妓能够拥有个人财产，拥有自己的房屋和花园。这些私人别院曾用来娱乐那些达官贵人，使得她们摆脱以前的生活。由于当时不同现今的婚姻制度，使得很多艺妓能够摆脱从前的卑微，在艺妓生涯结束之前赢得婚姻。这可以在秦淮八位女子的故事中得到体现，她们便是现今备受传扬的"秦淮八艳"。那时，正是明清两朝更迭之际。

这条秦淮河，飘过一样的桨声灯影，走来了艳绝风尘的李香君。唱过一出《牡丹亭》的她，日后成了千秋传诵的另一出大戏《桃花扇》的女一号。她的故居现在是夫子庙地区一个重要的旅游景点。她的故居被重修过，游客通过游览她的故居，不仅能了解到她的生活，也能了解同地区、同时代其他一些艺妓的生活。故居内的客厅和卧室连为一体，有独立的书房和琴室，旁边有一条走廊以及船坞，重现了艺妓们当时的生活环境，也重现了她成为当时最杰出的表演者的风姿。

李香君以歌唱和古琴演奏而闻名。这些技艺使她从普通的歌女中脱颖而出，成为当时地位最高的艺妓。她的故事为当时最有名、影响最大的戏剧《桃花扇》奠定了基础。这部经典不仅记载并阐述了当时社会政治的方方面面，更揭示了文人与艺妓的关系。作为中国的文学经典，这部剧作里的很多角色都来源于社会各个阶层的历史人物。比如，侯朝宗写的《马伶传》，是一个发生在南京演艺界的真实故事。这个故事讲的是一个立志演好戏的马伶，到奸佞处去体验生活数月，演起丑类来便入木三分。他憎恶媚俗，他还有信念。

被康熙启用的孔尚任来到秦淮河畔，从前的惊涛渐渐消退，从前情景的影子落了在烟雨楼台。他跑遍了南京，从遗老处听到了许多乱世佳人的传说——一个令人扼腕的故事终于在20年后红遍了京城。《桃花扇》创作的背景是从明朝的衰落到17世纪清朝的建立，这段中国历史上改朝换代的巨变时期。通过《桃花扇》，这段历史被形象化，演绎出一段才子佳人的浪漫爱情故事。艺妓的爱和英勇，导致了她后来牺牲自己的非凡政治行为。

戏曲《桃花扇》讲述的是艺妓李香君和才子侯方域之间的爱情故事

青年才子侯方域的舞台形象

故事开始时，李香君还在学习技艺，当时她就受到了一个有名政客的追求，而这个客人是为了他的朋友侯方域去追求的。那时候，秦淮岸边，亡命的侯公子被历史的狂风吹得心思迷离……男女主角陷入了疯狂的爱恋，悲剧发生了，当时的政治动荡迫使他们不得不分开。由于政治上的联盟和归属关系，侯方域沦为精

神和情感上的变节者。李香君这个年轻女子的悲剧是由那些垂涎她姿色的人一手造成的。

秦淮河在李香君故居前静静地流过
侯方域故居壮海堂

其他一些象征手法也在剧中得到使用，那些新政权里的邪恶势力试图强迫李香君背弃她的爱，对别人以身相许，这是一种腐朽的象征。李香君声称死亡比屈服于新政权更为崇高，宁可玉碎不为瓦全，鲜血飞溅，浸透了纸扇，成为纯洁爱情的象征。侯方域的一位支持者在扇子上将血迹点染成桃花，作为对李香君爱之信仰的礼赞。这样的滚滚红尘，这样的爱恨情仇，情人泪与烈士血，长歌当哭，这悲歌好苍凉。

本来侯公子与香君的遇合应是一出大好的江山美人故事。可是亡国在即，侯公子惶恐浮躁、心乱如麻。生死两茫茫间，已没有多少幸福可以憧憬——奈何头颅与气节不能两全，爱情与功名不可兼得。侯方域和李香君的爱情跌宕起伏，他们最后重新相逢，不过是在一个新的政权清王朝统治下。清军破了南京，侯方

美丽女子柳如是画像

域和李香君在栖霞山的白云庵相会。在最后一幕剧里，李香君拿出桃花扇追怀往昔。象征着李香君的扇子被撕毁了，两个悲剧爱人出离凡尘成为道士。直到这部剧作上演300多年后的今天，很多来秦淮河观光游览的游客但凡提起李香君，无不备感敬仰，记住了她的爱国气节胜过于她的艺妓身份。仔细想起来，这样荡气回肠的情事，恐怕只能选择南京、选择秦淮河作为故事发生地吧。

风起云涌中，也曾指点江山与添香红袖的风流人物还有几双。另一位爱国女子是柳如是，以其诗歌、绘画和过人的才智而闻名天下。她主要的追慕者，是伟大的选集编者和学者钱谦益。著作等身的钱谦益将大部分时间都花在了搜集由草根阶层所创作的诗歌上，其中很多都是来于自该地区的艺妓作品，他为这些艺妓的艺术品买单。当柳如是遇到钱谦益时，她乔装成男子，裹着的脚依然可见——这在当时是女子美貌的象征。在很多文人墨客眼里，她敢于冒险、追求自由的精神具备了男子侠肝义胆的特性，反倒增加了她的魅力。这无限的春光，是要有人欣赏的，更何况是乱世的春天。

金粉荟萃，风华烟月，秦淮河上风景，好像是为了故事才修造的。一些古诗人歌颂女性芳华的同时，也会反射出男子善解人意的智慧和风趣，恐怕常常是与艺妓的知识情趣分不开。当钱谦益遇到这位奇女子时，发现她对政治直言不讳，是书法家，更是机智的语言学家。他认为柳如是在智力上足可以与他相提并论，因此在社交集会和出游时都听取她的意见。柳如是的诗歌风格豪放，是英雄体诗歌，探讨军事问题等，无不体现出她对明朝政权的奉献和忠诚，而自由也是贯穿她作品的主题。她的书法在风格上被称为是豪放的草书体，体现了她作为艺术家的大胆和独立。这两者的结合使她在其他艺妓中脱颖而出，后来的学者都给她以侠客这样形象化的美誉。侠客是一个奇怪的表达，但却被用来形容当时一些名妓。在西方，这个称号融合了一些游侠的形象，他们追求冒险和创造英勇的事迹。而当我们在看这些艺妓的故事时，发现她们并没有习武。钱谦益屈节降清，而柳如是，开始了她漫长的反清复明生涯。

故事的最后，柳如是为了说服他的爱人，为了表示对新统治者的反抗而自杀的，在给自己女儿的遗书中，柳如是说，将我悬棺而葬吧，我一生清白，不沾清朝的一寸土地。我想这也是她赢得如此头衔的另一个原因。无论如何，那些有识之士将艺妓比作英雄人物，表明这些女子的崇高品质产生了深远影响。由此，英雄美人的传奇感染了一片没有遭到禁锢的青山绿水，并且使这一片青山绿水永久收藏了他们的音容。

秦淮河的风姿绰约、风情万种，就成了百代一逢的好风景。马湘兰，这位奇女子，以技艺精湛而出名，她的才华让其他艺妓自愧不如。她与众多的文人墨客建立了友谊，为他们提供经济上的帮助，这也使她获得了殊荣。那时文学作品中

马湘兰所作《潇湘清逸图》

写到的马湘兰容貌惊艳却个性随和，在后半生受到很多人的喜爱。她经济自由，一生中赞助了很多贫困学子。她经常在印月桥上唱歌和弹奏曲子——这里离夫子庙和她的居所不远，今天参观者仍络绎不绝。

爱情故事里最美好的段落，是留给秦淮的。这是一片不能辜负的信诺，还有一份不能辜负的才子佳人式的古典爱情。马湘兰以其对多产作家和学者王穉登永恒的爱及无私的付出而闻名。王穉登将马湘兰比作是汉朝伟大的游侠，在马湘兰和一个地方官员发生的一起纷争诉讼案件中，他拯救了马湘兰，使她没有丧失社会地位和财产。而后，王穉登拒绝了马湘兰要求纳她为妾的要求，但是他们的友谊仍然继续着，马湘兰继续以书信和诗歌来表达对王穉登的爱慕之情。

在王穉登70岁生日时，马湘兰举行了为期一个月的庆典，正如她30年前承诺的那样，仍然期待能够最后点燃起他们之间爱的火花。传说中，她从庆典回到家就撒手人寰了。令这段爱情故事更富传奇色彩的是，马湘兰对佛教有着强烈的兴趣，她是在一种佛教的沉思中死去的。王穉登在她诗歌总集的序言中指出，这位一生一世的同伴就像是"火房中的一朵莲花"。如今，依旧草长莺飞，依旧是游人如织，还有万里碧空，灿烂笑靥，只是没了那样的深情凝望，生死契阔，只有万古河山，凛然安坐。这让人慨叹的地老天荒啊。

秦淮河畔，清雅俊逸、宁静淡泊的人文气象，以诗歌的形式注进了碧水深处，也流向了艺妓的心田。向往功名事业，追求充满诗意的生活，是秦淮风韵的主题曲。艺妓卞玉京（卞赛）是另一位备受尊崇的才女，她和大诗人吴梅村有着很深的情谊。在著名的"秦淮八艳"中，她和陈圆圆间的联系最紧密，这两位女子后来都成了道教徒，也一起讨论诗歌。正如一首诗中写道"酒垆寻卞玉京，花底出陈圆圆"。这是多么妙曼的感怀。

也只有秦淮河，琴棋书画才能够和铁马金戈合奏出动人的交响。没有哪个艺妓像陈圆圆那样拥有尊贵抑或痛苦。在中国文学中广为传颂的是这位艺妓的美貌，这似乎和特洛伊故事中的美女海伦很相似。人们不愿意忘记艳绝风尘的"秦淮八艳"，不愿意忘记回眸一笑百媚生，更不愿意忘记芳心柔情在风起云涌中的长歌当哭。

陈圆圆爱上了当时的一位将军吴三桂，这样英雄美人的情节，在艺妓中并不鲜见，爱情也许是刻骨铭心，当然还有薄命红颜。充满了各种可能，以及半惊半喜半梦半醒的惶惑。那时的明朝，正值与满族的搏杀及皇朝内外叛乱的内忧外患中。

陈圆圆石刻像

　　历史表明，满族人的进攻之所以成功，要归因于吴三桂的为红颜一怒的血性，他关心的是他的爱人，而不是国家的侵略者。脑海中尽想着陈圆圆的吴三桂为满族军队打开了国门。在他投降后，陈圆圆也因此而离开，她在余下的时间里成了道教徒，为求上苍的原谅，原谅她美貌带来的诅咒。于是她就和红尘隔绝了，她抛得下世间的繁华和心中的情愫吗？春去秋来，也许她把什么都看透了，一切都消磨殆尽了，一生就只为等那暮鼓晨钟，那浮动的暗香。

　　秦淮河，有历代文人骚客吟诵不绝的无边风月，积淀了太多的人世沧桑。明朝的灭亡，对于很多人而言是一个转折点。此时，走来了另一位具有传奇色彩的艺妓寇白门。一位名叫朱国弼的高官仰慕她的美貌，一见倾心之后立刻娶她为妻，从此寇白门就摆脱了艺妓生活。传说他们的婚礼有5000名士兵参加，包括举灯笼的人，从寇白门寓所到她夫君宅第形成了一条长队。然而好景不长，明王朝已经岌岌可危，满族人主中原后，寇白门就被捕。政权的更替和后来的牢狱之灾，使得朱国弼的生活每况愈下，而他那位仍然拥有美貌的妻子用1000块金币换得了自由之身。恢复自由之身的寇白门建了花园重张艳帜，同时和诗人及艺术家交流，希望回到最初单身时的生活。其实她心中的惆怅一直难以治愈，正如一位学者所写的那样，她会在深夜哼着忧伤的曲子，为自己流逝的花容月貌而哭泣。旧时的男女情事好比琼花一般散漫飞舞，歌吹抑扬婉转。寇白门这种想要掌握自身命运的精神和意志，让她多年来一直赢得世人的尊敬。

　　也有一些艺妓能够凭借她们的才艺获得一个快乐的晚年。顾眉生便是其中一位，她作为画家而获得很高的荣誉。她朝饮晨露，暮赏明月，躲开了喧嚣与繁华，一生悠然自得。她画的中国画兰花独一无二，且世界闻名。她在空廓、宁静、清凉的世界中细品人生，自然感到心境澄澈，万物冥化，天人合一。她能从众多的女性画家中秀出，是因为她对艺妓以外的世界丝毫不感兴趣，因此而更加超凡脱俗，更加风华绝代。

　　风尘女子与白面书生的爱恨缠绵，情节总是烛光摇曳，花影婆娑，也总是要秦淮河这样的背景来配的。顾眉生及她的住所都以其无与伦比的华丽而受到尊重，她的家里备有文房四宝、乐器和美味佳肴。她住的别院会常举办盛宴或是盛大的聚会，她懂得如何赢得男子的欢心，风流才子和达官贵人们都想取悦她。最

民间曾传说顺治帝出家是为董小宛

后，顾眉生和龚鼎孳结婚——那是一位大臣和诗人，和清朝有深厚的联系，顾眉生的地位也因此不同凡响了。她不藏于深闺，可以潇潇洒洒地和恋人徜徉在秦淮河上，佳人一笑，千娇百媚，只为空气里浮动着的桃花的甜香。

艺妓和文人之间最像童话般的故事发生在董小宛和冒辟疆之间。正是"姹紫嫣红开遍"美人巧笑嫣然，那秦淮河上，更是一番良辰美景。据当时文学作品的记载，董小宛被认为是全中国最美的女子。她是秦淮之星，不仅擅长绘画，而且也深谙音乐、戏剧、诗和书法。尽管她很出名，仍想摆脱艺妓生活，去寻找一个理想的夫君。冒辟疆是在参加科举考试之际认识董小宛的，而通过考试后又见过几次，每次见面都好感倍增，最后走在一起。

冒辟疆本身也是出名的才子。他在11岁时就学习艺术，在13岁时就出版了一本诗集。而后，跟随大艺术家董其昌学习书法技巧，这也为他带来名誉。要成为一名成功的学者当然也免不了一些尝试，正是他对于董小宛与日俱增的爱促进了他继续的尝试。为将董小宛从以前的艺妓生活中解救出来，冒辟疆不得不帮她偿还一直居高不下的债务——而所有"颜如玉"和"黄金屋"的梦想，只有通过考试，考取功名，才能实现。如果不能成功，便意味着失去一切所有。

通过结识诗人获得经济上的自由，或是嫁为人妻获得完全的自由，成为贯穿八艳生活一条共同的线。最终，钱谦益帮董小宛偿还了巨大的债务。这也使得，冒辟疆即使没获得文人的地位，也最终可与董小宛有情人终成眷属。董小宛成为了冒辟疆的妻子后，帮助她的夫君搜集文学、评论书法，同时在生活中也与夫君切磋交流。于是，这段才子与佳人的爱情传为一代佳话，让人甚是羡慕。

董小宛和冒辟疆的生活与"秦淮八艳"的故事很多都很相似。冒辟疆曾在一段时间内觉得董小宛不如陈圆圆，然而，当他得知陈圆圆已经订婚，大失所望，才开始另寻所爱。冒辟疆也成为《桃花扇》中的角色，这对其人其文都是一种铭记。镜花水月，人去楼空，这些情事，是至美至真的绝响。雪泥鸿爪的浪漫心曲，抑扬婉转，千秋醉心。

阵容华丽的女儿行，曾经风情万种，馨香千里。"秦淮八艳"的故事和传说以及中国历史上其他艺妓的故事，都宛如学者的梦游或是闲谈轶事。然而这些

左图：
董小宛经常陷入平静的沉思

故事给予很多参观秦淮的后人以灵感，希望从尘世中获得浪漫的解脱；同样的，这些故事也使画家和作家从中汲取了创作的灵感——今天的艺术家们以"秦淮八艳"为题材，创作出许多以昆曲人物形象为原型的电视剧和电影。可见这些女子的传奇故事在历经百年沧桑之后，依然使人津津乐道。高贵的大戏，从灿烂明艳的开始，到风流云散的结局。但这一曲曲长恨歌中，它的主人，用生命中最好的年华，无羁地爱过了。

诗情画意秦淮河

往事烟云，岁月无痕，深爱着这些带有奇幻色彩的故事，那些女子的惊世美貌与才情远远高于她们的出身。今天的秦淮河畔，游客仍然能够参观李香君故居，店里的卷轴画和丝绸袍子仿佛能将他们带回那诗情画意的年代，与传说中的"秦淮八艳"擦肩而过。当你渡过河面或是沿着小径和巷道漫步到夫子庙抑或江南贡院之时，你依然能够听到那令人陶醉的笑声和歌声，顿时艳羡之情油然而生。滚滚红尘里闲情岁月似扑面而来，绮丽的文化想像绵绵不绝。

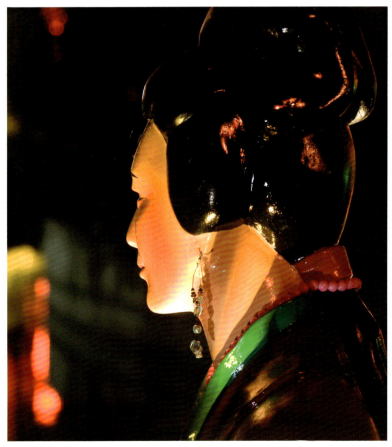

这些宛如真人大小的艺妓雕像沿着白鹭洲公园附近一路延展开

右图：
多彩的艺妓雕像，为游客重塑过去秦淮泛舟的快乐时光

南京这座极具文化底蕴的城市，在中国历史上一直都是文化发展的中心。自六朝开始，这座城市便孕育出各种杰出思想和伟大艺术，成为新文化的发源地。历史上的南京堪列中国三大"佛都"之一，古人有云："南朝四百八十寺"，这在南京山山寺寺相映成趣的繁荣佛教文化中可以得到充分体现。

南京这座极具文化底蕴的城市，在中国历史上一直都是文化发展的中心。自六朝开始，这座城市便孕育出各种杰出思想和伟大艺术，成为新文化的发源地。历史上的南京堪列中国三大"佛都"之一，古人有云："南朝四百八十寺"，这在南京山山寺寺相映成趣的繁荣佛教文化中可以得到充分体现。

在中国，对佛教文化最有影响的城市只有三个：南京、洛阳和西安。而随着政治中心地位的失落以及战祸的频起，另外两座城市在佛教界地位及文化影响力亦随之消失。唯有南京，由于地处南北文化的交汇处，再加上特有的包容性，才使佛教文化在这块土地上薪火相传、经久不息。

一个新建的佛教寺庙位于高山上的丛林中，靠近秦淮河的发源处

左图：
白鹭洲公园里的寺庙圣坛寺的雕像

佛教在中国的历史可追溯到两千年以前，起源于印度，是一种宗教和哲学思想。它寻求内心宁静，希望人们通过冥想将自己从痛苦中解救出来，在战乱年代尤其引起统治阶级的浓厚兴趣。

中国佛教的起源

佛教在中国的历史可追溯到两千年以前，起源于印度，是一种宗教和哲学思想。它寻求内心宁静，希望人们通过冥想将自己从痛苦中解救出来，在战乱年代尤其引起统治阶级的浓厚兴趣。

早在两千多年前，中国哲学思想便层出不穷，外来的宗教势力也通过扩大贸易路线进入中国。最终，孔子的儒家思想占据了主导地位，迅速成为教育和政治统治的一部分。当时，比较重要的思想还有佛教、道教、萨满教等。随着禅宗在中国的出现，佛教在公元520年达到了顶峰，在国外被叫做Zen Buddhism，禅宗主张先验论，目的是寻找终极智慧——这种智慧潜藏于每个人的下意识中，只能通过谦逊、劳作、服务、祈祷、感激和冥想而实现。佛教思想注重学习、诵经和仪典，禅宗坚持"最高的真理就蕴含在打水和砍柴中"。

佛教自东汉传入中国以后，其间经由历代高僧大德的弘扬提倡，许多帝王卿相、饱学鸿儒也都加入这个行列，终于使佛教深入社会各个阶层。其信仰深入民间，"家家阿弥陀，户户观世音"正是真实的写照。

早在东汉末年，南京就有了佛教活动。三国时期，孙权在南京建立东吴政权后，组织翻译了一批佛教经籍，并在公元247年建造了江南第一座寺庙——建初寺。东晋时期，贵族信佛者众多，他们竞相修建寺庙，并吸引海内外许多著名高僧先后来到建邺（南京）译经、讲学和弘法。此时的南京也是佛教画像和佛教造像的发源地之一。

隋唐时期，因频繁战乱而受到抑制的佛教重新得到重视，寺院日渐增复。明清时期，皇帝均重视佛教。灵谷寺是当时天下最大的寺院。明成祖迁都北京后，仍在南京修建寺、塔，其中包括了为纪念其生母而修建的大报恩寺。大报恩寺琉璃宝塔高达百米，曾与长城一起被列入中世纪世界七大奇迹。

南京佛教史，就是一部完整的中国佛教史。在中国佛教的发展史上，许多重大事件和学说都是在南京发生和发展的，各种佛教思潮（学派）是在南京这块土壤上滋润、孕育后才逐步成熟并走向全国的。中国佛教史上的八大宗派多与南京有着特别密切的渊源关系，这些宗派不仅支配着中国佛教哲学思想的价值走向，同时对日本、韩国以及东南亚国家和地区也产生了巨大的影响。可以说，历史上的南京不仅以弘扬佛教文化而隆盛于中国，而且在东方乃至世界佛教史上亦留下了深深的印记。

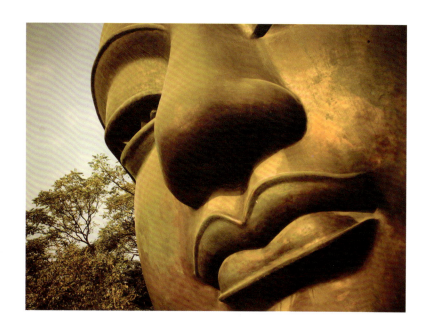

巨大的铜佛像使得这里更具魅力

南京现存最早最重要的佛寺是位于摄山山脚下的栖霞寺，因为有了栖霞寺，摄山又称为栖霞山。栖霞寺建于南齐永明七年（公元489年），由当时住在摄山的隐士明僧绍捐宅为寺，名"栖霞精舍"。到唐代被大规模扩建，并改名功德寺，与山东长清灵岩寺、湖北当阳玉泉寺齐名。

南京的佛寺

　　南京现存最早最重要的佛寺是位于摄山山脚下的栖霞寺，因为有了栖霞寺，摄山又称为栖霞山。栖霞寺建于南齐永明七年（公元489年），由当时住在摄山的隐士明僧绍捐宅为寺，名"栖霞精舍"。到唐代被大规模扩建，并改名功德寺，与山东长清灵岩寺、湖北当阳玉泉寺齐名。

　　栖霞寺是南京第一大佛寺，在全国享有盛誉。它是中国佛教中一个理论派别"三论宗"的发祥地。"不生亦不灭，不常亦不断，不一亦不异，不来亦不出"为此宗的中心理论。该寺庙至今仍香火不断，大约有200多个僧侣在寺中吃斋念经，跪拜修行。在寺庙里面还收藏着传播佛教思想的传世佛经和宗教艺术品。

　　如今，在栖霞寺内还保存着中国佛教的一处名胜，舍利塔。这是由隋朝开国皇帝命令建造的83座塔中的一座，为的是珍藏传世的佛骨"舍利子"。原先的木塔毁于唐代，现存的石塔重建于南唐，也有一千多年的历史。尽管和其他著名的塔相比规模较小，但也有约15米的高度，且塔上雕刻精美，显示了当时的工艺水平。它的结构和设计图案不仅来源于佛陀和他的生活，而且从绽放的莲花中能看出它包含了水流和海洋动物等元素，体现了"万物与我并生"的思想。

栖霞寺置身于红叶环绕中，有一种宁静祥和的气氛

念经礼佛的僧侣

左图：
寺庙内殿堂一角

　　栖霞山下的千佛岩是我国独一无二、令人震惊的佛教艺术宝藏。它始建于5世纪，由岩石雕刻而成，到明朝时期共成形了704尊佛像（现存520余尊），250个供奉佛陀和他弟子的石窟佛龛。或坐或站着的神像，大小不一，从几厘米到十米以上高的都有。经历了长期的战争和动荡，很多佛像遭到了破坏，我们虽不能看到完整的神像，但仅仅是这样大的数量，也足以令人振奋了。

　　在南京主城中还矗立着家喻户晓的鸡鸣寺。由于战争或大火的毁坏，经过几次重建。这座佛寺不禁让人惊叹佛教在中国悠久的历史。现在的鸡鸣寺同时还是一个四面由山、水、丛林和岩石环绕的著名旅游景点，移步换景，风光迤逦。站在寺庙的顶端可以俯瞰那市中心新街口的车水马龙，那玄武湖水泛出的层层涟漪，那古城墙蜿蜒曲折所沉淀的深厚历史。

　　传说，鸡鸣山因形似鸡笼，原名鸡笼山。当时朱元璋到此游赏时，因山下建有学府国子监，遂改名鸡鸣山，寓意"晨兴勤苦"。寺随山名，称鸡鸣寺。在明代位列金陵三大寺——报恩寺、灵谷寺、天界寺之后，是著名的古刹之一。更有传奇色彩的是，陈朝的最后一位君主曾经和他最宠爱的妾室躲藏在寺庙附近的井里，以躲避隋文帝军队的搜捕。

南京历史鼎盛时期兴建的寺庙是灵谷寺。灵谷寺原在钟山南麓独龙阜玩珠峰下。朱元璋选独龙阜为其陵址，将灵谷寺搬迁至紫霞湖南面。灵谷寺"灵谷深松"的绝妙景致被列为金陵48景之一。虽遭战火破坏，灵谷寺已今非昔比，但寺内珍藏的玄奘法师的顶骨仍然使它闻名于世。寺庙中，其他两个建筑也很有名。一个是无梁殿，曾被用来盛放一位佛教弟子的遗物。它是一个巨大的拱形的殿堂，由砖块和岩石砌成，不施寸木，在中国的设计中不常见，因此得名无梁殿。到了现代，这座殿被改为"国民革命军阵亡将士公墓祭堂"，纪念30000多名在国民革命中牺牲的烈士。离无梁殿不远的是灵谷塔，于1933年由当时的国民政府所建。

南京紫金山脚下的无梁殿

在近代，南京发现大量佛教遗物。在一个寺院旧址中，考古学家发现了一座1000多年前的小塔，据说里面藏着释迦牟尼的舍利子。出于对宗教的尊重，这座塔现在没有对外开放，在人们的眼中仍然是个谜。

佛教遗物的发现，不仅展现了佛教在中国全面而深刻的影响，而且也突出了南京作为佛教圣地的重要性。根据佛教信仰，当长老圆寂后，会被火化，而他的舍利子则会被珍藏。有佛经记录，佛舍利子（释迦牟尼遗骨）被搜集，然后分配到84000个宝塔中。这项伟大的任务被一位印度国王阿育王完成，他在公元前273—公元前236年成为佛教徒。

南京发现的一座寺塔，是用镀银的木头制成，而后镀上金、银、彩色的釉、玛瑙和琥珀。根据佛经记载，这正是被誉为南京七宝之一的"阿育王塔"。在世界上的84000座宝塔中，中国有19座，南京发现的是第二座。另一座是藏在西安的法门寺，那儿有一根佛陀的手指，被认为是现存唯一的释迦牟尼的手指。

长干寺原来的旧址上发现的遗物，有着更加令人印象深刻的历史。600年前建成的大报恩寺，是在1400年前的长干寺的遗址上建立的。永乐皇帝为报母恩，总共用了19年时间，役使100000劳力，修建这座寺庙。被发现的这座阿育王塔最为吸引人，现在被认为是中古时期世界七大奇迹之一，与其相媲美的是罗马神殿。当这座佛寺在1856年被摧毁时，地宫仍然存在。2008年，随着大报恩寺地宫的挖掘，随着七宝阿育王塔的现身，随着"佛顶真骨"的被证实，世界的目光一次又一次聚焦南京。阿育王塔的惊世出函，再次印证了南京自古以来在中国佛教文化界的至高地位。

右图：
南京七宝阿育王塔

和其他宗教一样，佛教也有不同的修炼方式。西藏的僧侣会将大量的时间花在讨论佛经上；少林寺的僧侣以修炼功夫而举世闻名；很多禅僧过着一种与世隔绝的隐修生活。尽管方式各不相同，可最基本的信条和佛寺生活是相似的。在这禅境之中有着玄思妙观，境界的升华净化。

僧侣的生活

　　和其他宗教一样，佛教也有不同的修炼方式。西藏的僧侣会将大量的时间花在讨论佛经上；少林寺的僧侣以修炼功夫而举世闻名；很多禅僧过着一种与世隔绝的隐修生活。尽管方式各不相同，可最基本的信条和佛寺生活是相似的。在这禅境之中有着玄思妙观，境界的升华净化。

　　出家人最基本的是要看透生活，剃度和刮去胡子是必须的，这象征着与世隔绝。虽说在我们很多人看来这很极端，体现了僧人对滚滚红尘、碌碌人生的一种解脱，但它的价值却意味无穷。佛教徒认为这样能够去除等级观念和虚荣的表象，并且这种象征性的行为能够更好地帮助僧人放弃尘世生活，培养一种禅意心境去适应佛寺生活。出家人的生活是非常清净的，以栖霞寺为例，早上五点起床，五点半参加集体诵经活动，即"早课"。早课之后"过堂"，即大家排队来

寺庙一角

华美的灯照耀着寺庙里

右图：
寺庙里的龙形装饰

到食堂，一边念经一边等待工作人员将早餐盛到自己的碗里，然后默不作声地把饭用完。之后，各人就根据各自的分工或看管佛殿，或打扫庙堂，总之是各司其职。下午四点整是"晚课"时间，僧人们再次集体诵经，然后是晚餐、就寝。这些工作是为了教会僧侣们最基本的生活戒律。这些清规戒律在不同佛寺可能会有所不同，但是根本原则都是一样的，即素食、僧装、独身。寺庙是遁逸者理想的休心之所，是苦闷者寻求的超世之处。

当然，僧侣们一天中的大部分时间都贡献给了宗教事务，他们学习和领悟佛经。表面看来，佛寺只是集中学习佛教教义的地方，这些是与佛教和佛陀的行为相联系的。随着时间的推移，佛寺中的教育开始包括对于一些非佛教知识的学习，有数学、医学和艺术等。广泛的知识能帮助僧侣理解信条，虽说这些有可能需要花很多年才能参透，但也是入佛的必经之路。这是何等痴心的精神啊，虽说这种精神落入空幻，且有着神秘的意味，但它毕竟体现了一种形而上之追求。

佛把世间万物分为十届：佛、菩萨、声闻、缘觉、天、阿修罗、人、畜生、饿鬼、地狱。天、阿修罗、人、畜生、饿鬼、地狱为六道众生，六道众生要经历因果轮回，从中体验痛苦。在体验痛苦的过程中，只有参透生命的真谛，才能得到永生，凤凰涅槃。

生命的真谛究竟是什么？几乎所有的寺院都要求僧侣们有冥想的时间，虽然可能在时间长短上的要求有所不同。冥想是佛教的核心思想，能带给人以宁静平和，以及清闲平适、与世无争的生活。这可以看做是生命的辉耀，灵魂的升腾，是心灵在"恬然澄明"的精神氛围中的无尽的歇息。

通过瞻仰参观南京的古寺，如栖霞寺和灵谷寺，可看出中国文化对于佛教徒的影响；参观鸡鸣寺及白鹭洲公园里的鹫峰寺，让人不得不惊叹佛教文化的杰作。佛教与文化，从来都是水乳交融的。一方面，佛教需要以文化为依托，展现其博大精深，并通过文化之手拨动人之心弦；另一方面，文化也需要从佛教中汲取营养。南京的佛教文化源远流长，而且很多佛教文化作品绝冠一时，不仅是南京一地的瑰宝，更成为人类文化的珍贵遗产。

秦淮河的航道几乎完全疏浚了，游客络绎不
绝，再显旧时明朝时的魅力

青山隐隐、绿水迢迢间的南京，这座依偎在山水城林怀抱里的古城，这座在日新月异变化中的现代都市，积淀着历史的深远，同时也洋溢着朝气与活力。南京，从千年前的帝王古城到今天的摩登城市，成就了中国传统经典与现代科技发展的美妙结合，当你走近她，你会发现和很多世界古城一样——一条渊源深远的河流也许正是你畅游这座城市的纽带。说到南京的河流，就不能绕开秦淮河。秦淮河，虽然总长只有一百多公里，但却蜿蜒缠绵，静静流淌过了几千年的荏苒岁月，秦淮的那头系着南京源远流长的花样年华，这头连着南京风情万种的今天。

这个旧时小贩的雕像位于秦淮购物区的中央

昔日古都今更盛

　　青山隐隐、绿水迢迢间的南京，这座依偎在山水城林怀抱里的古城，这座在日新月异变化中的现代都市，积淀着历史的深远，同时也洋溢着朝气与活力。南京，从千年前的帝王古城到今天的摩登城市，成就了中国传统经典与现代科技发展的美妙结合，当你走近她，你会发现和很多世界古城一样——一条渊源深远的河流也许正是你畅游这座城市的纽带。说到南京的河流，就不能绕开秦淮河。秦淮河，虽然总长只有一百多公里，但却蜿蜒缠绵，静静流淌过了几千年的荏苒岁月，秦淮的那头系着南京源远流长的花样年华，这头连着南京风情万种的今天。

　　遥想明朝那时，雄风万里的开国皇帝朱元璋，虽出身贫寒，却成就了一番旷世伟业，在南京开创了一段大明盛世。明朝的辉煌是一个传奇，不仅是对南京，对中国，乃至对整个世界都有着极其深远的影响。有明以来的六百年，在经历了战乱纷争、外敌入侵后，伟大革命家孙中山先生亲手缔造了中华民国，南京再次成为中国的首都，再次向世人展现了它的名城风华和帝都气象。

流光溢彩夫子庙

中华门城堡是世界上保存最完好、结构最复杂的古城堡

南京的近代依旧延续了自古的昌盛繁荣。河流中譬如长江，与柔婉的秦淮深情相拥，几千年来，一直是南京这座城市的力量和生命之源。曾记否——往事迷离，寻常的时光那么深情；涛声依旧，变迁的关头又是那么惊险。1968年，南京长江大桥落成，一桥飞架南北，天堑变通途，这座横跨长江的大桥承载了新中国最辉煌的荣耀，也为南京带来了络绎不绝的经济脉动。

明城墙是建筑在明朝宫廷和首都外围的伟大的护城墙。长江，有着中国最大的内河港口，在这里，有着贯通全国每个角落的公路铁路网络，在这里，有着四通八达的国内、国际航运。在这里，通连着美丽的丝绸之路，穿梭过一座又一座城市，一个又一个国家。

现代风格的纸灯和流水完美交融

左图：
修复航道后的秦淮河、更添活力

南京璀璨辉煌的文明和独一无二的城市气质吸引了世界的关注。代表中国最高丝绸工艺的云锦，浑然天成的雨花石，元宵节里点亮城市记忆的花灯，令人叹为观止的民间艺术……让我们猜想那些神秘的年代：那些春秋，又是怎样交替的？那些日子，都交给了谁？承载着千年的文化智慧，南京也逐渐在国际贸易中崭露头角。今天的南京，终于成为了一个世界贸易中心，同时拥有着诸多高水平的外国投资。

在南京，有着这样一些产业园区，拥有电子产品、灯工艺品、机械、纺织品、电子器械、汽车制造和激光、科技密集型等优势制造产业。这些特殊经济区吸引了一批跨国巨头，如微软、朗讯、摩托罗拉、西门子、大众等。南京，坐拥城市的江河优势，成为中国的文化、经济领跑之城。

科考制度也同样兴盛于南京这片沃土。千百年来，怀抱梦想的莘莘学子纷至沓来，汇聚金陵，徜徉于秦淮河畔。那些俊彦翘楚，那些心存济世之志、身怀匡扶天下之愿的才子墨客，那些命运多舛、悲患忧戚的文人秀才，如今安在？今天，南京依旧保持其优秀的教育传统，建立起发达的现代教育与科研体系，成为药物研究中心和航空航天学中心。在南京，有48所大学与超过500个研究中心及世界知名高校进行合作，并长期接受国际留学生。

1865文化创意产业园，这里曾是金陵机器制造局——晚清时期规模仅次于江南制造总局的大型军工企业

南京大学的毕业生

右图：
穿着丝质旗袍的美女在南京随处可见

南京的繁荣，更凸显于她的城市地标。新街口，这个充满现代气息的商业圈，纵横着辐射全城的交通干道，高耸入云的大厦，这个热闹繁华的文化经济中心，今昔文明嫁接在一起的灿烂生发。

正因为经济和文化的繁荣，南京同样也是一个娱乐大都会。在新街口的酒吧里，你能听到因年轻而跳跃的节奏；在精英会所里，你能听到因志同道合而欢愉的笑声；在诸如夫子庙的古老文化场所，你能看到因为文化而沉醉的学者……站在秦淮阅尽沧桑的石栏边，我就像站在历史的岸边……在忽远忽近残留着的一个个朝朝暮暮中寻觅，想像着自己正是一个在梦里寻了千百度的南京人，想想曾经走过和将要走过的岁月，就不禁有许多的喜悦和幸福，心中学着朝天宫的旧礼，急于向复活的神奇顶礼膜拜。

新街口正洪街夜景

1912酒吧街是享受南京夜生活的好去处

秦淮河夜间的游船载着游客顺流而下，饱览夫子庙风景

左图：
泛舟游览是一种绝好的秦淮之旅方式

斗转星移，天上人间，时光载走了历历往事，时代已经为一个旧宫阙洗净一路的风尘。这座现代化的城市，同时又是一座"历史文化名城"，一座美丽繁荣、举世无双的城市，在她身上，我看到了中国这个古老国度的伟大缩影。没有哪座城市能够像南京这样经历过生死涅槃和坚韧奋斗，拥有如此深刻传奇的历史和如此丰富经典的文化——南京，这长江和秦淮河共同孕育的可爱城市啊。

从秦淮河建筑的内部走道欣赏秦淮河风光

右图：
白鹭洲公园最好选择晚上去游览，因为有着点点的纸灯为向导

附录

桨声灯影里的秦淮河

南京基本信息

人口：740万

面积：6598平方公里

辖区：11个区、2个县

气候：北亚热带季风气候，四季分明，冬夏长而春秋短。年平均温度16℃，夏季最高气温可达38℃，冬季最低气温达零下8℃。每年6月下旬到7月中旬为梅雨季节。

市花：梅花

市树：雪松

南京常用电话

查号台　114

报警　110

急救　120

报时台　12117

人工信息台　1600

道路交通事故报警台　122

邮政客户服务中心　11185

天气预报　96121

南京市政公用指挥中心(市政110)
025－52900110(24小时为您服务)

禄口机场国内订票处
025－86602902/86505015

禄口机场国外订票处
025－86602912/86525730

民航瑞金路国内售票问询处
025－84499378

民航瑞金路国际售票问询处
025－84499410

南京站电话问询服务系统
025－85822222

交通服务热线　96196
(长途汽车订票网址www.jslw.gov.cn)

南京市客运交通管理处
025－86655664

南京市公交总公司投诉电话
025－83114800

南京市出租汽车投诉电话
025－86655664

南京市消费者协会咨询、投诉电话
12315

铁路投诉电话
(南京站路风办85411014)

南京产品质量投诉电话
(南京产品质量监督检验院
025－85420443)

南京市旅游质量监督投诉电话
(南京市旅游局质监所025－52260123)

南京主要景点

夫子庙（夫子庙管理办公室）
地址：中华门内秦淮河北岸
电话：025-86620123

江南贡院
地址：秦淮区夫子庙金陵路1号
电话：025-52236971

中山陵（中山陵园管理局）
地址：四方城2号
电话：025-84446111

总统府
地址：长江路292号
电话：025-84578718

明孝陵
地址：石象路7号
电话：025-84446111

雨花台 （雨花台烈士陵园管理局）
地址：雨花路215号
电话：025-52411523

侵华日军南京大屠杀纪念馆
地址：江东门新街2号
电话：025-86612230

中华门 （瓮城城堡管理处）
地址：南京市中心正南长干桥北
电话：025-86625435

阅江楼 风景区
地址：建宁路202号
电话：025-58815369

台城 （台城公园）
地址：玄武区解放门8号
电话：025-83615183

南京博物院
地址：中山东路321号
电话：025-84802119

南京云锦博物馆（南京云锦研究所）
地址：茶亭东街244号
电话：025-86611377 86605778 86518580

玄武湖（玄武湖公园）
地址：东北城墙外
电话：025-83614286

将军山（将军山旅游风景区）
地址：近郊雨花台区铁心桥高家库村
电话：025-52894496

莫愁湖 （莫愁湖公园管理处总机）
地址：水西门大街94号
电话：025-86651047

灵谷寺
地址：石象路7号
电话：025-84446111-2175

瞻园 办公室
地址：瞻园路128号
电话：025-52201849

栖霞山
地址：城东北约22公里
电话：025-85761831

旅游节庆

南京每年有近30项大型旅游节庆活动，使游客和市民一年四季都能感受到欢乐祥和的旅游氛围。

中国南京夫子庙灯会
时间：2月-3月
地点：夫子庙

"百年高淳"民俗文化展示节
时间：2月
地点：高淳老街

佛文化艺术节
时间：2月
地点：栖霞山风景区

"江上人家新春乐"旅游节
时间：2-3月 地点：江心洲

中国南京国际梅花节
时间：2-3月
地点：梅花山

旅游时尚节
时间：3月
地点：湖南路狮子桥

中国温泉之乡——汤山温泉文化节
时间：3月
地点：江宁区汤山镇

雨花"春牛首"踏青节
时间：3-5月
地点：文莱风情园

将军山茶文化节
时间：4月
地点：将军山旅游风景区

妈祖文化民俗节
时间：4月
地点：静海寺天妃宫历史文化景区

端午节国际龙舟大赛
时间：5月
地点：莫愁湖公园

郑和宝船旅游节
时间：5月
地点：宝船厂遗址

江心洲葡萄节
时间：7-8月
地点：江心洲

中国南京长江国际旅游节
时间：9月
地点：滨江

南京农业嘉年华
时间：9月
地点：白马公园

中国南京雨花石艺术节
时间：9月
地点：雨花台风景区

中国南京"固城湖"螃蟹节
时间：9-10月
地点：高淳县

茉莉花文化旅游节
时间：9-10月
地点：六合金牛湖

莫愁烟雨文化节
时间：10月
地点：莫愁湖公园

灵谷桂花节
时间：10月
地点：中山陵

阅江楼文化艺术节
时间：10月
地点：阅江楼

江鲜美食节
时间：10月
地点：江心洲

中国南京秋栖霞红枫艺术节
时间：11-12月
地点：栖霞山

"迎新年听钟声"活动
时间：12月31日
地点：栖霞寺

南京部分旅行社

南京中国国际旅行社
地址：玄武区龙蟠中路
电话：4008284008

江苏省中旅旅行社有限公司
地址：白下路128号-5
电话：025-83589966

中青旅江苏国际旅行社有限公司
地址：中山路268号汇杰广场9楼
电话：025-83196666

江苏金陵商务国际旅行社有限责任公司
地址：广州路5号君临国际B栋5楼
电话：025-51860915

江苏招商国际旅游公司
地址：中山北路213号
电话：025-83418449

中国康辉南京国际旅行社有限责任公司
地址：云南路7号
电话：025-68581818

江苏职工国际旅行社
地址：中山北路202号
电话：025-83412298

江苏省中山国际旅行社
地址：云南路15号
电话：025-83437500

江苏省民族国际旅行社有限公司（南京旅行中心）
地址：西流湾27号天羊大酒店1楼
电话：025-52162075

南京禄口机场国际旅行社有限公司
地址：汉中路180号星汉大厦2楼B座
电话：025-86799052

南京春秋旅行社
地址：白下路附近
电话：025-83209320

南京部分酒店宾馆

南京玄武饭店
星级：☆☆☆☆☆
地址：中央路193号
电话：025-83358888

南京古南都饭店
星级：☆☆☆☆☆
地址：鼓楼区广州路208号
电话：025-83311999

南京国际会议大酒店
星级：☆☆☆☆☆
地址：中山陵四方城2号
电话：025-84430888

南京金陵饭店
星级：☆☆☆☆☆
地址：新街口汉中路2号
电话：025-84711888

南京金鹰珠江壹号国际酒店
星级：☆☆☆☆☆
地址：珠江路1号
电话：025-83218888

南京维景国际大酒店
星级：☆☆☆☆☆
地址：中山东路319号
电话：025-84808888

南京中心大酒店
星级：☆☆☆☆
地址：鼓楼区中山路75号
电话：025-83155888

南京东方珍珠饭店
星级：☆☆☆☆
地址：玄武区珠江路389号
电话：025-86883888

南京秦淮人家宾馆
星级：☆☆☆
地址：夫子庙大石坝街128号
电话：025-52211888

南京阳光酒店
星级：☆☆☆
地址：新街口秣陵路99号
电话：025-86887888

致谢

美丽的花园激发了文人雅士的创作灵感

这本书的完成是很多人共同努力的结晶。

首先，我要感谢中国国际出版集团(CIPG)副总裁黄友义先生，感谢外文出版社的副总编解琛女士，感谢编辑欧阳伟萍和文芳，没有她们的帮助，我无法完成这项巨大的工程。

想要真正了解南京，特别是了解秦淮文化，离不开专家学者和翻译的帮助。秦淮区的文化专家杨献文先生对秦淮河有深入而全面的了解，能够和他一起探讨，使我的南京之旅收获颇丰。此外，南京大学外国语学院院长王守仁教授对于南京教育文化的深入介绍，也加深了我对秦淮文化的了解。

我的两位翻译和导游徐昕和郑小倩，她们给予我很大的帮助，她们为我的南京之旅呈现了更多精彩，她们的大学经历也带我重温了古时学者的生活。

我感谢那些在南京结识和采访的艺术家和学者。她们的精神和创造力激励我更好地创作。我要感谢在白鹭洲公园水上表演的所有演员和工作者，他们允许我两天在后台观看，进入他们的私人领域去拍照，观赏她们表演的整个过程。

最后，我要特别感谢南京市委宣传部的吴静女士，她是这本书的构思者。她的创意，使我与秦淮河结缘；她的热情帮助，使我的南京之旅别有风味。林峻先生耐心地为我安排了在南京的每一个采访，让我有幸参观所有想去的地方，这对于我来说是巨大的帮助，非常感谢他。

（美）鲍博

泛舟游览将为秦淮之旅增添无限乐趣

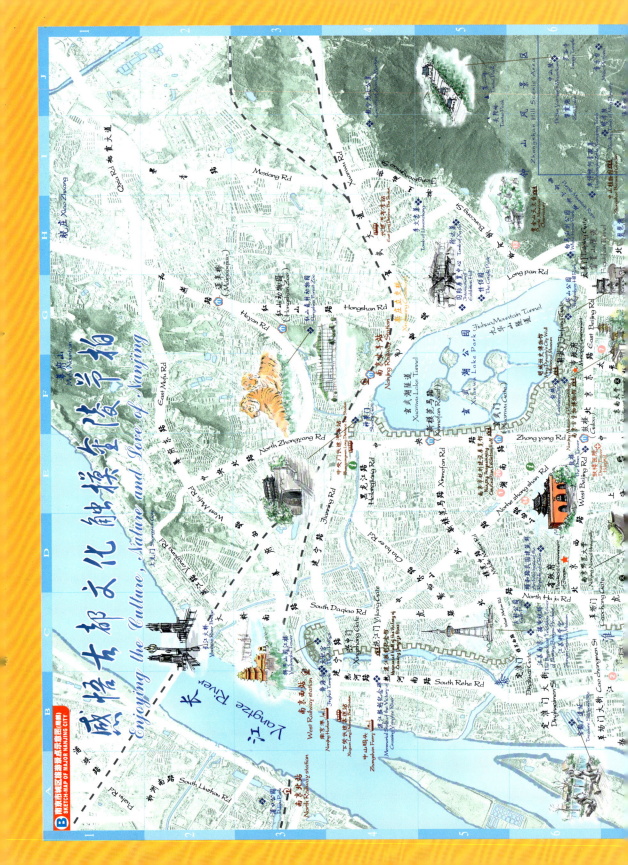

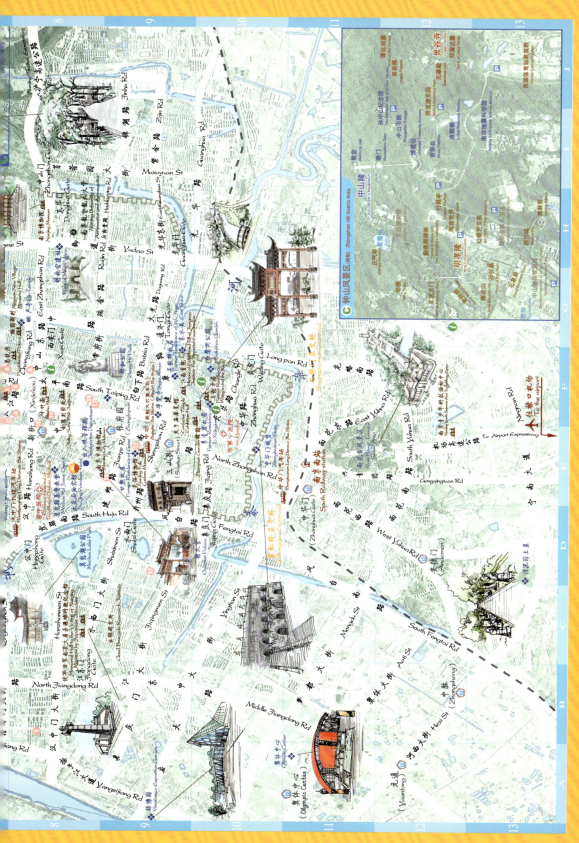

编制：南京市旅游局信息中心　南京星光测绘科技有限公司

中山风景区 (附图) Zhongshan Hill Scenic Area

中山陵
Dr Sun Yat-Sen Mausoleum

灵谷寺 Linggu Temple

Yangtze St

Nanjing Museum

南京博物院

Zhongshan Gate 中山门

East Zhongshan Rd 东中山路

Zhujiang Rd 珠江路

Zhonghe Rd 中和路

Guanghua Rd 光华路

Miaoyuan St

Yudao St

Changjiang Rd

Xian Gate 西安门

Xinjiekou (新街口)

South Taiping Rd

Baixia Rd 白下路

Changle Rd 长乐路

Long pan Rd

Daping Gate 大平门

Wuding Gate 武定门

Zhonghua Gate 中华门

North Zhongshan Rd

Jiangye Rd

Shengzhou Rd

Jiangdong Rd

East Yuhua Rd

South Yuhua Rd

Gongqingtuan Rd

Hanzhong Rd 汉中路

South Huju Rd

Mochou Lake Park

Shuiximen St

Shuiximen Gate 水西门

Jiangbao Rd

Fengtai Rd 凤台路

Zhonghua Gate (Zhonghua Gate) 中华门

South Railway station 南京南站

West Yuhua Rd

Andemen 安德门

Nanxing Rd

To the airport 往禄口机场

To Airport Expressway 机场高速公路

Hanzhongmen St

North Jiangdong Rd

Jiangdong Gate 江东门

Jiajingmen Rd

Yingtian St

Mengdu St

South Fengtai Rd

Poli St

Middle Jiangdong Rd (Zhonghang)

Hexi St

河西大街

Yuantong (Yuantong)

Olympic Center (Olympic Center) 奥林中心

长三角世博主题体验之旅

一个朝代的背影
——民国文化游 *(1912年-1949年)*

- 中山陵
- 无梁殿/灵谷塔
- 美龄宫
- 孙中山纪念馆
- 音乐台
- 紫金山天文台
- 总统府
- 梅园新村纪念馆
- 1912时尚休闲街区
- 颐和路公馆区

中世纪古都的瑰宝
——明文化游 *(1368年-1644年)*

- 明孝陵
- 灵谷寺
- 阅江楼
- 夫子庙
- 中华门城堡
- 玄武湖公园
- 台城
- 明故宫遗址
- 朝天宫
- 莫愁湖公园
- 阳山碑材（明文化村）

漫天花雨落雨花
——科技修知游

- 南京科技馆
- 雨花台区科技创业中心软件园
- 牛首山
- 雨花台区青少年活动中心

温泉水滑洗凝脂
——温泉休闲度假游

- 颐尚温泉度假村
- 锦尚温泉会所
- 东湖丽岛会所
- 巴厘原墅酒店
- 圣泉温泉浴馆
- 美龄温泉山庄
- 戎泉洗浴中心

南京部分文化艺术场所

图书在版编目（CIP）数据

悠悠秦淮/（美）鲍博著；徐昕等译.—北京：外文出版社，2010

（中国城记）

ISBN 978-7-119-06433-8

Ⅰ.①悠… Ⅱ.①鲍… ②徐… Ⅲ.①南京市－概况

Ⅳ.①K925.31

中国版本图书馆CIP数据核字（2010）第076233号

总 策 划：黄友义　叶　皓
统　　筹：冯亚军　王　嵬
创　　意：吴　静
项目指导：徐发波　徐明强　呼宝民　李振国
　　　　　邵　东　解　琛　胡开敏
中文改写：龙海秋　杨　阳　王宜早　冯亦同
中文审定：廖　频
责任编辑：文　芳　欧阳伟萍
翻　　译：徐　昕　等
图片提供：鲍　博　查美焰　宋耀生　白立文　姜明力
　　　　　刘　宁　李阳东　田松沪　张方林　赵　辉
　　　　　南京市人民政府新闻办公室　南京市博物馆
　　　　　中新社图片库　等
编　　务：徐慧红　林　峻　闫正伟
总 设 计：刘扬设计工作室
排版制作：邓　翔
印刷监制：张国祥

悠悠秦淮

[美] 鲍博 (Bobby Brill) 著

©2010 外文出版社
出版发行：外文出版社
地　　址：中国北京西城区百万庄大街24号
邮政编码：100037
网　　址：http://www.flp.com.cn
电　　话：(010) 68320579/68996067（总编室）
　　　　　(010) 68995844/68995852（发行部）
　　　　　(010) 68327750/68996174（版权部）

制　　版：北京红色调文化艺术有限公司
印　　制：北京佳信达欣艺术印刷有限公司
经　　销：新华书店 ／ 外文书店
开　　本：787mm×1092mm　1/16
印　　张：10.5
装　　别：平装
版　　次：2010年第1版第1次印刷
书　　号：ISBN 978-7-119-06433-8
定　　价：48.00元